Taten des großen Alexander

AF529987

M. A. Kuzmin

(Translator: Ludwig Rubiner)

Alpha Editions

This edition published in 2022

ISBN : 9789356708730

Design and Setting By
Alpha Editions
www.alphaedis.com
Email - info@alphaedis.com

As per information held with us this book is in Public Domain.
This book is a reproduction of an important historical work. Alpha Editions uses the best technology to reproduce historical work in the same manner it was first published to preserve its original nature. Any marks or number seen are left intentionally to preserve its true form.

Contents

WIDMUNG
(Akrostichon)

Verwirrter Wogenwall ist abgeprallt
An Felsen, ragend in die Ewigkeit.
Leicht fliegt der Aar vor mindrem Schütz gefeit. —
Er folgt wohl immer dem Gebot: »Mach halt!«
Ruhmvolle Schwerter sind zum Kampf bereit
Im Ruf des Horns das unermüdlich schallt.
Beraubt der Kraft knirschen zu Hauf geballt
Rachgierige Feinde in der Dunkelheit.
Jäh stampft ein Pferd, das wild im Zügel schnaubt:
Unrüstiger Knab, entehrst Bukephalos!
Sehre die Grenzen, hin zur Tat, aufs Roß,
Singe von Königsflügen, ruhmbelaubt.
O stoß ins Horn, zeig uns der Feinde Troß
Wund dir zu Füßen. — Stimmlos. — Ohne Haupt!

Michail Kusmin.

ERSTES BUCH

EINGANG

EINGANG. Einige werden zu Preis und Rühmen geführt durch die Tugendkraft ihrer geliebten Helden, die anderen — durch die kriegerischen Taten; die dritten durch deren Weisheit, viertens endlich manche durch wundersame Begebungen und Zeichen. Aber in Ordnung aller Heldennamen der vergangenen oder näheren Jahrhunderte kann man niemand finden, in dem alle diese Gaben sich so wunderbar einten, wenn nicht den Großen Alexander. Ich erkenne die ganze Schwere über ihn zu handeln, nach jener Reihe erlauchter Namen, angefangen von dem in Ewigkeit gedenkwürdigen Kallisthenes, dem Julius Valerius, Vincenz von Beauvais, Gualterius de Castilione bis auf den deutschen Lamprecht, Alexander von Paris, Pierre de Saint-Cloud, Rudolf von Ems, dem trefflichen Ulrich von Eschinbach und dem unbesieglichen Firdusi; doch mein Wunsch, im Gedächtnis der Menschen den unauslöschlichen Ruhm des Makedoniers zu erneuern, als zu erleichtern meine von Entzücken übervolle Seele, zwingt mich, zu tun wie die Pilger, die, Verse der Gebete murmelnd, sich nicht dies absinnen: von welchen großen Heiligen jene Gesänge erdichtet seien.

ERSTES KAPITEL

VOM KÖNIG NEKTANEB IN ÄGYPTEN. In dem alten Lande der Ägypter lebte ein König Nektaneb, der nicht allein durch das königliche Blut, sondern auch durch die Weisheit und durch die großen Kenntnisse der Magie und Sternendeutung ausgezeichnet war. Seine Heere trugen stets den Sieg davon, doch wußte niemand, daß während der Schlacht der König durch Zauberei den Ausgang der Kämpfe vorbestimmte. Insgeheim eingeschlossen hüllte er sich in Priesterkleid, nahm einen Stab und machte aus Wachs Gestalten von Menschen, wenn die Schlacht auf dem Festlande war, oder von Schiffchen mit Kriegern, die er in eine wassergefüllte Messingschale setzte und geschickt unter Beschwörungen ertränkte. Die vom Festlande durchbohrte er mit einer feinen Nadel, und die Verrichtung an dem seelenlosen und weichen Wachs ward auf wunderliche Art Spiegelung des fernen Schlachtfeldes. Einst jedoch, als die Kundschafter dem König das Nahen neuer Feinde vermeldeten, kündeten die Geister des Wassers und der Luft, welche die Kunst des gekrönten Magiers heraufbeschwor, die Stunde seiner Niederlage habe geschlagen, und ihre Herrschaft sei fürder ohne Macht. Nektaneb nahm den angelegten Bart ab und verließ in gewöhnlicher Gewandung heimlich Ägypten. Als daher die Feldherrn, welche der Niederlage ungewohnt waren, in die Hauptstadt zurückkehrten, fanden sie den Palast leer, und nur die umgestürzte Schale, die Stückchen Wachses und auf einer Wasserlache der Bart erinnerten daran, daß hier vor kurzem noch der König geweilt. Dem verwirrten Volke kündete der Gott Serapis durch sein Orakel:

»König Nektaneb verließ euch für lange Jahre.

Einst kehrt er euch zurück, in neue Jugend gekleidet.«

Diese Inschrift zeichnete man dem Ebenbilde des entschwundenen Königs ein, das in eine leere Gruft gesetzt war, und nach einigem Warten wurde ein neuer Herrscher gewählt.

DAS GESPRÄCH VON OLYMPIAS MIT DEM MAGIER. Indessen lebte der königliche Flüchtling nach der Ankunft in das makedonische Pela lange Zeit, indem er sich vom Wahrsagen und von der Zauberei ernährte und bald als kunstfertiger Deuter und Magier gerühmt war. In diesem Lande herrschte zu jener Zeit König Philipp, dessen Gemahlin Olympias unfruchtbar war. Einst, in Abwesenheit des Gemahls lustwandelnd im Garten des Palastes, vertraute die Königin ihre Sorge der alten treuen Magd, ob wohl Philipp sich nicht von ihr trennen würde, denn sie hatte ihm durch so viele Jahre keine Kinder gebracht, worauf ihr die Dienerin von der Zaubermacht des fremden Ägypters Kunde gab.

Sache geringer Zeit war es, den kommen zu lassen. Auf den Wegen der Gärten neigte er sich tief vor Olympias, und tief aus der Brust ein goldenes Täfelchen ziehend mit dem Abbild des Tierkreises der Planeten in bunten Steinen, darauf dem Hermes ein Smaragd entsprach, und der Liebesgöttin ein blauer Saphir, schwieg er lange. Auch die Königin schwieg, die Augen, voll ihrer Erwartung, gesenkt. Endlich sprach der Ägypter:

Nicht Philipp wird deine Unfruchtbarkeit lösen, nur der Gott Ammon vermag dir beizustehen. Bist du auf alles bereitet?

»Sprich«, sagte die Königin, ohne die Augen zu erheben.

»Ich will beten, doch erwarte du bedeckten Hauptes den libyschen Gott; ertönt das Zischen der Schlangen, so schicke alle fort und empfange den Gast; er wird golden sein von Locken und Bart, mit goldener Brust und einem Horn auf der Stirn. In der Dauer der Erscheinung schweige. Dann wirst du empfangen und zur gesetzten Zeit einen Rächer dir und der Welt einen Herrscher gebären.«

Nach wenigem Schweigen blickte Olympias fest auf den Magier und sprach: »sei auf der Hut, wenn du lügst«. Die Hände aufhebend zu den nun entzündeten Sternen rief Nektaneb: »Ich schwöre!« — »Ich will dir morgen

Antwort senden«. Der Magier hielt sie zurück indem er sprach: »Es ist notwendig, daß ich unablässig in deiner Nähe bete zu dieser Zeit; hast du nicht ein geheimes Gemach zunächst dem Schlafzimmer?« — »Eine Kleiderkammer befindet sich da, dort kannst du dir zu schaffen machen. Sei entlassen. Sprich zu niemandem«.

Als die Königin sich entfernt hatte, brach Nektaneb eine Nelke, stach in die Blättchen den Namen Olympias, und die Augen gehoben zu den Sternen, beschwor er lange die Geister des Bösen, daß sie die Gedanken und das Herz von Philipps Gemahlin geneigt machten zu dem Betruge, welchen er, Nektaneb, plante.

DIE EMPFÄNGNIS ALEXANDERS. Alles begab sich nach dem Wunsche des Ägypters, welcher in der Larve des Horns so viele Male der erkenntnisbaren Königin erschien, bis sie ihren Schoß unledig fühlte und den König mit Freuden und Unruhe zu erwarten begann.

ZWEITES KAPITEL

PHILIPP KEHRT NACH HAUSE ZURÜCK. Während dies geschah, hatte Philipp auf fernem Feldzuge ein sonderbares Traumgesicht, das seine Ruhe störte. Der babylonische Deuter, der sich im Gefolge befand, legte dies so aus, daß Olympias von einem ägyptischen Gotte empfangen habe. Nicht sehr über diese Botschaft erfreut, eilte der König nach Hause, wo ihm die entgegengehenden Dienerinnen sagten, ihre Herrin liege auf dem Krankenbette. Ins halbdunkle Schlafgemach tretend, ging Philipp zu auf seine Gemahlin und sprach: »Ich weiß alles, sorge dich nicht; wir müssen uns dem Willen der Götter beugen«. Olympias weinte still, küßte die Hand des Gemahls, ohne zu wissen, ob ihm alles wahrhaft bekannt sei. »Ruft den Sternendeuter herbei«, sprach sie endlich. Und da Nektaneb, eingetreten, Erklärungen gab, die aufs Vollkommenste mit den Auslegungen des babylonischen Deuters zusammenfielen, so umarmte Philipp voll Erstaunen, wenn schon immer noch düster, die weinende Gemahlin, und sie saßen so schweigend bis auf den Abend, da in das Fenster die zarten Hörner des jungen Mondes blickten.

WUNDERBARE ZEICHEN. Derart erwartete das Königspaar mit Frieden, doch ohne Freude die nahe Geburt. Die Königin war wohlauf, erging sich im Garten und nahm zeitweise teil an den Festmahlen, bis Philipp sich betrank, nach der Sitte der Makedonier. Einmal, da Olympias länger beim Mahle weilte, als ihr geziemte, so wurde sie für ihre Unbesonnenheit gestraft, denn der trunkene König begann ihr vorzuhalten, sie wäre nicht von ihm schwanger. Die beleidigte Königin stand auf, um sich zu entfernen, als plötzlich unter dem festlichen Tische eine riesenhafte Schlange erschien, die ihren Kopf erhob mit fürchterlichem Zischen. Die Gäste sprangen auf von den Plätzen, die Frauen, vergessend ihrer Scham, krochen auf den Tisch, erhobenen Gewandes. Der König selbst war im Begriff, den Kopf mit dem Mantel zu bedecken, da verwandelte sich die Schlange in einen Adler, sprang auf den Busen der Königin, stach sie dreimal in die erstarrten Lippen und flog durch das offene Dach des Saals empor zum Himmel. Auf den Knien fragte Philipp: »Wer bist du, Ammon, Apollo, Asklepios?«, indem Olympias, umringt von der ungeordneten Schar der Frauen, sich in ihre Gemächer begab. Niemand nahm wahr, daß hier nur die Pfiffigkeiten des ägyptischen Auswanderers ihr Spiel getrieben.

ZWEITES ZEICHEN. Aber andere Wahrzeichen, nicht weniger erstaunlicher Art, doch schon ohne die Flunkereien des gewitzten Magiers wiesen Philipp sicher auf das Wunder im baldigen Kommen des Kindes hin. Es geschah einst, daß der König vor langer Weile seine zahmen Lieblingsvögel fütterte; die Königin stickte auf der Brüstung des Hauses, ab und zu den Kopf hebend, wenn die Vögel empor zur Höhe der Brüstung schwirrten und das Hündchen ihr zu Füßen mit gespitzten Ohren knurrte oder aufbellte, die rauschenden Schaaren scheuchend. Die Königin stieß einen Schrei aus, da einer der weißen Vögel ihr auf die Stickerei flatterte und im Nu ein Ei legte, das zur Erde rollte unter dem hellen Bellen des Hündchens. Aus dem zerbrochenen Ei kroch ein Schlangenjunges, umkroch langsam seine jüngste Wohnung, als ob es wieder in die hineinwollte, aber kaum steckte es den Kopf in die Schale, da erzitterte es und verschied. Die Königin, über das Gitter geneigt, achtete nicht des beginnenden Regens und lauschte den Worten des Antiphon, Philipps Sohn werde über die ganze Welt ziehen, und, heimgekehrt, jung sterben. Traurig nahm die Königin ihre goldene Stickerei zusammen und sie ging, des wunderbaren Sohnes zu harren.

DIE GEBURT ALEXANDERS. Längst war die Frist der Erlösung verstrichen, und die Königin trug noch immer ihren großen Leib und klagte bitter Nektaneb an, der zu Fleiß die Stunde, schwer an Schicksalen, zurückhielt, bis die günstigen Himmelszeichen zusammenträfen. Seit dem spähenden Morgen setzte sie sich in den hohen Gebärsessel, und auf dem schlief sie sogar, weinend und klagend. Zuguterletzt rief Nektaneb vom Turm: »Es ist Zeit!« — und Olympias brüllte auf wie eine junge Kuh, außer Sinn vor Schmerzen, den Donner nicht hörend, nicht sehend den glänzenden Blitz vom klaren Himmel.

Die Wehemutter nahm unter dem Sessel einen Knaben hervor, der weder seinem Vater noch seiner Mutter glich: er hatte langes Haar auf die Art einer Löwenmähne, rot von Farbe, das eine Auge abwärts, das andere Auge zur Seite gerichtet; mit großem Kopfe und gerader Nase.

Dieses war die Geburt Alexanders.

DRITTES KAPITEL

DIE ERZIEHUNG ALEXANDERS. Philipp liebte den ihm unähnlichen Knaben, der rothaarig, zügellos und eigensinnig war, nicht sehr, doch er beruhigte sich, bei der Erinnerung, daß das Kind seiner ersten Frau längst gestorben war, und zudem hatte er von der delphischen Sybille die Prophezeihung vernommen, nach ihm werde ein großer Held regieren, der könne das Roß mit dem Stierkopf zügeln. Zu Lehrern wurden dem Knaben gegeben: Für die Schreibkünste Polyneikes, für die Musik Leukippos, die Geometrie Melepos, die Beredsamkeit Aximenides, für die Kriegskunst Feldherrn, zum Erzieher Leonides, zur Amme des Melantos Schwester, zum Lehrer der Philosophie Aristoteles. Mit dem letzteren brachte der Prinz den größten Teil seiner Zeit zu, unter der Zahl der anderen Schüler, die Kinder der Höflinge waren, in den Baumreihen des Palastgartens sich ergehend. Aristoteles hatte mehr denn einmal seinem Zögling eine große Zukunft und Weltenruhm vorausgesagt. Einst wandte sich der alte Philosoph an die Kinder mit der Frage, was sie ihm schenken würden, wenn sie König wären. Eines versprach dies, das andere etwas anderes, aber Alexander schwieg still, den roten Lederball in die Höhe werfend, »Und du, Prinz, was würdest du an mir tun?« Die rote Mähne schüttelnd antwortete der: »Warum an die Zukunft denken? Einst kommt die Stunde, und du wirst selbst sehen, was ich zu tun für geziemend erachten werde!« Aristoteles küßte ihn auf die Stirn und setzte den langsamen Spaziergang fort.

DER TOD NEKTANEBS. Olympias besorgte sich um ihren göttlichen Sohn und vermahnte Nektaneb oft, in den Sternen immer wieder nach demselben Geschick zu lesen. Als einst der Prinz den Ägypter bei derart Meldungen traf, bat er sich aus, selbst in die Sterne schauen zu dürfen. Nektaneb willigte ein, und um die nächste Mitternacht stiegen sie zu zweit auf den Stadtwall. Der Ägypter bedeutete dem Sohne den Sinn der Gestirne, als plötzlich ein mächtiger Stoß ihn vom hohen Wall tief in den Laufgraben hinabstürzte, und über ihm die laute Stimme des Prinzen erscholl: »Wie denn vermagst du das ferne Geschick anderer Menschen zu lesen, der du nicht weißt, was sogleich dir geschehen wird?« Über dem Stöhnen des Abgestürzten stieg Alexander eilig hinab, und, zu seinem Vater sich beugend, fragte er: »Du hast dich verletzt? Verzeih mir den Spaß!« »Du trägst kein

Verschulden; es war dein Geschick, den Vater zu morden!« »Niedriger Sklave, was sprichst du da?« »Ich sterbe, Prinz, aber ich lüge dir nicht, vernimm:« und ersterbender Zunge erzählte Nektaneb Alexandern die Geschichte und von den Umständen seiner Geburt. Lange blickte der Prinz bei dem ungewissen Schein der Sterne in das erstarrende Antlitz des Magiers, nicht versichert, ob er glauben sollte oder nicht glauben sollte. Endlich lud mit einem Seufzer er den Körper auf seine Schulter und trug ihn in die Gemächer der Königin. Jene schlief noch nicht, und, nachdem sie entsetzt den Bericht des Sohnes angehört, ließ sie sonder Stöhnen sich in einem tiefen Sessel nieder. Den Morgen wurde der Unglücksfall des fremden Astrologen vermeldet. Nach einer festgesetzten Anzahl von Tagen wurde der Ägypter bestattet, auf die griechische Art.

BUKEPHALOS. Alexander war fünfzehn Jahre alt, da vernahm er im Frühling, an den Ställen seines Vaters vorbeigehend, ein Wiehern, das dem Wiehern der anderen Pferde nicht glich. »Was wiehert da so fürchterlich?« fragte der Königssohn die Stallknechte. Und gleichsam zur Antwort ertönte abermals das Wiehern, ebenso laut aber zart und lieblich, gleich als ob das Gurren der Turteln vom fernen Echo widersurrt. »Was wiehert da so schön?« rief wieder der Prinz, in Ungeduld die Brauen runzelnd. Die Stallknechte erklärten, da wiehere Bukephalos, ein unberitten Pferd, das von dem Fleisch zum Tod verdammter Verbrecher genährt werde, in einem Stalle von Eisen. Alexander forderte, daß die riesigen Riegel geöffnet würden, trat an die Krippe, die voll von abgenagten Knochen war, und packte das ungeheuerliche Pferd an der Mähne, wandte die Augen des Pferds geradezu in die blendende Sonne, sprang von hinten auf seinen lastungewohnten Rücken und flog wie ein Pfeil nach dem Palaste. Die Stallknechte stürzten mit Geschrei hinter der Staubwolke her, doch schon stand das Pferd ganz in Schaum, schielenden Augs, mit dem hitzigroten Reiter an der Treppe des Palastes, die der König im Hausgewande hinabeilte. Unten angelangt kniete Philipp und rief: »Sei gegrüßt, mein Sohn, der du das Pferd gezähmt, du Beherrscher der Welt!«

Und die Königin, die an dem Fenster des oberen Stockwerkes den Vorfall beobachtet hatte, die Stallknechte und das ganze Volk, diese alle wiederholten: »Es sei gegrüßt der Beherrscher der Welt!« Alexander aber streichelte lächelnd die Mähne des Rosses, das in die grelle Sonne schielte.

VIERTES KAPITEL

ALEXANDER AUF DEN OLYMPISCHEN SPIELEN. Alexander, der mehr als einmal seinem Vater unweit in Feldzüge das Geleit gegeben hatte, wünschte längst seine Kräfte auf den ruhmesreichen olympischen Spielen zu erproben.

Der König entließ, doch nicht sonderlich gerne, den Prinzen samt seinem Freunde Hephaistion, welcher mit den zärtlichsten Banden an den Königssohn geknüpft war, und rüstete ein besonders prunkvolles Schiff aus. In Pisa angelangt, vernahmen sie, es seien zum Wettkampf nicht wenige vornehme Ritter zusammengekommen, als da waren: Xanthias von Böotien, Kimon von Korinth, Kleitomachos, Aristippos der Olynthier, Perieros, Lakon, aber der berühmteste war Nikolaos, der Sohn des arkarnischen Königs. Mit diesem hochfahrenden Jüngling erstand Alexandern ein Zwist fast sogleich bei der Landung. Den Ankömmlingen begegnend auf der Straße am fröhlichen Hafen, fragte Nikolaus hochnäsig stolzierend: »Ihr seid gekommen, die Spiele anzusehen?« »Wir sind gekommen, zu kämpfen!« »O, ihr vermeint, dies seien Spiele der Kinder?« Alexander entzündete sich und antwortete: »Ich bin bereit, mit dir zu kämpfen!« »Nikolaos bin ich, der Sohn des Königs von Arkarnien!« erwiderte hochmütig der Jüngling. »Und ich bin der Prinz Alexander, der Sohn des Philipp von Makedonien. Doch was gelten hier unsere Königreiche? alles ist vergänglich!« »Du sprichst wohl gesetzt, aber verstehst du deine Worte, Kind!?« »Vollkommener als deine aufgeblasenen Reden!« und gingen zu verschiedenen Seiten, indem ein jeder nach links spie. Am anderen Tage trat Alexander nicht nur im Wettkampf der Wagen auf, sondern sogar besiegte er alle Teilnehmer, und Nikolaus, der Königssohn, schlug sich zu Tode, indem er vom Gespanne stürzte, das an Trümmern von anderen Wagen hängen geblieben war. Der makedonische Prinz ward gekrönt mit dem Kranze des Siegers, indem der Priester des Olympischen sprach:

»Vieler Feinde Bezwinger, den Stolz der Vermessenen zähmend,

Mächtigen Schicksals Kind. Also verkündet dir Zeus.«

PHILIPPS EHE MIT KLEOPATRA. Freudig und bekränzt eilte der Prinz seiner Heimat zu, wo unfrohe Nachrichten seiner harrten. Er vernahm, daß in seiner Abwesenheit der König sich beschlossen hatte, die Königin entlassend, zum drittenmal zu heiraten, und zwar eine gewisse Kleopatra, die Schwester des Lysias. Auf jenen Abend war gerad das Hochzeitsmahl gelegt. Ohne den Kranz vom Haupte zu nehmen, trat Alexander in den Festsaal, der war übervoll von Gästen. Zwischen zwei Leuchtern prunkten auf ihren Thronen Philipp und Kleopatra, bekrönet und in feierlichen Gewändern. Der Prinz blieb in der Tür stehen, mit den Worten: »Vater, hier ist die Krone meiner ersten Taten, nimm sie an. Ich preise mich glücklich, zu deinem Hochzeitsfest gekommen zu sein, wenn dereinst ich meine Mutter Olympias vermähle, so hoff ich, wirst dus nicht versagen, zum Abendschmause zu kommen!« Und nahm Platz gegenüber dem verwirrten Paare. Lysias rief von seinem Platze: »Der König ehelicht die edle Kleopatra, auf daß er gesetzliche Thronfolger habe« . . . Er wollte fortfahren, aber fiel plötzlich zurück, röchelnd, da der schwere Leuchter, von Alexanders geschickter Hand geworfen, ihm die Schläfe eingeschlagen hatte. Der König sprang schimpfend auf, sich verwickelnd im Mantel, Kleopatra erhob sich, die Gäste standen auf und die Diener häuften sich in der Mitte des Saals. Philipp machte einige Schritte, wankte und stürzte laut polternd von den Stufen des Throns herab.

Alexander lachte auf, das Gewirre und Geschrei überdeckend: »Hat Asien erobert, Europa in Angst gehalten, und kann keine zwei Schritte tun!«

Die Freunde Philipps und des Lysias stürzten sich auf Alexander, aber dieser, das Schwert des kraftlos darniederliegenden Königs an sich ziehend, begann damit nach rechts und nach links zu schwingen, geschickt Schläge setzend und rufend: »Geh auf und davon, du ungebetenes Mütterchen, ich rate dir das von ganzer Seele!« Die Gäste flohen in Angst, die Leuchter umwerfend, sich bergend unter die Tische, Bänke und in dunkle Ecken. Die erschreckte Kleopatra, auf den König und ihren Bruder umblickend, entfernte sich eilig mit ihren Damen, und Alexander schwenkte immer noch das Schwert, bis er wahrnahm, daß das Gemach leer war, in den Fenstern die Dämmerung graute und nur der König, vom Falle verletzt, stöhnte. Da legte der Prinz das Schwert beiseit und rief: »Warum hast du, König, diese böse Tat zu vollbringen getrachtet?«

Aber Philipp stöhnte nur, und Alexander, ohne weiter zu fragen, befahl eine Sänfte herbeizubringen, daß der Kranke in sein Schlafzimmer getragen werde.

Olympias in ihrem dunklen Trauerkleide umarmte ihren Sohn, trauernd und sich über seinen Schutz freuend. Zehn Tage lang ging der Prinz vom König zu der Königin hin und wieder, bemüht, ihre im Schmerz erstarrten Herzen zu schmelzen, und endlich küßte Philipp Olympias, und sie schlang sich lächelnd um seinen Hals, doch Alexander wandte sich ab nach dem Fenster, wo die fernen Berge sichtbar waren, damit er die Worte der süßen Versöhnung nicht störe.

Im Volke aber wuchs der Ruhm von der Weisheit und der Kühnheit des Königssohnes.

FÜNFTES KAPITEL

DIE BEGEGNUNG DER PERSISCHEN BOTEN. Alexander wurde von Stund an auch allein abgesandt, bald hier hin, bald dort hin, die aufständigen Städte zu zügeln, welches er reich an Erfolgen entweder auf friedlichem Wege vermochte, dank seiner Weisheit, oder mit der Waffe, dank seiner

Tapferkeit. Heimgekehrt nach einer solchen Niederwerfung erblickte er auf einer grünen Wiese Zelte irgend welcher Menschen, die in der Ferne in langen Gewändern und mit breitem Kopfputz umhergingen. Es wurde ihm gemeldet, diese seien die Abgesandten des persischen Königs Dareios, und gekommen, Tribut von den Griechen zu holen. Ohne zu antworten, sprang Alexander hin zu einem hochgewachsenen Perser mit gefärbtem Bart und rief: »Ihr sammelt Tribut dem Könige Dareios?« »Ja Herr«, antwortete der Befragte. »Also sage ich, Alexander, der Sohn Philipps, des Königs von Makedonien, zu dem König Dareios: Nicht geziemt es den Hellenen, zu zahlen Tribut an Barbaren; so lange mein Vater allein war, stand ihm frei, zu tun, was er wollte, mit mir aber muß anders gehandelt werden. Nicht nur werde ich euch keinen Tribut geben, sondern alles Bezahlte werde ich zurücknehmen!« Und Alexander, die Hand erhoben zur Sonne, schwor bei den Göttern, währenddem ein persischer Künstler eilig auf einer silbernen Tafel mit zarten Farben das Bildnis des golden gelockten Prinzen schuf, um es seinem Könige nach dem fernen Babylon zu bringen.

DER TOD PHILIPPS. Unterdes gings in der Hauptstadt Philipps unruhig und bewegt zu. Pausanias, Beherrscher der Thessalonicher, bereitete eine Verschwörung gegen den König, aus dem Wunsche, sich der Olympias zu bemächtigen, die er trotz ihrer Jahre schon lange mit seiner Liebe belästigte. Und an einem regnerischen Tage, als der König sich ohne die Königin ins Theater begab, da hatten Pausanias und seine Helfershelfer, die fast zur Hälfte die nahen Plätze um den König besetzten, beschlossen, ihren Anschlag auszuführen. Auf ein gegebenes Zeichen verwundete der Jüngling, der hinter Philipp den Fächer hielt, das Schwert zückend, den König in die Schulter. Indem ein Teil der Verschwörer mit Pausanias zu den Gemächern der Olympias stürzte, zerstreuten sich die anderen in der Stadt, ihre Anhänger suchend, und die gelassenen Bürger aufhetzend zu rufen: »Es lebe König Pausanias, nieder mit dem ägyptischen Bankert!« Gegen die andrängenden Übeltäter wehrend, trugen die Freunde mit Mühe den verwundeten König in den Palast. Auf den Straßen, trotz Regens und der Dämmerung, entstanden Handgemenge, als plötzlich durchdringende Hornrufe die Ankunft der Heere Alexanders verkündeten, den Getreuen zur Freude, und den verräterischen Bürgern zum Schauer. Hastig eilte Alexander zum Palaste und überließ es dem Heere, in den Straßen fertig zu werden. Schnell in das Schlafzimmer seiner Mutter tretend, erblickte er die Königin in den Armen des Pausanias, der sie besinnungslos küßte. Die Schreie Alexanders, der es nicht wagte, den Gewalttäter mit der Lanze zu durchbohren, aus Angst, er möchte die Mutter verletzen, drangen dem Rasenden nicht zu Ohren. Immer fester mit der einen Hand die Königin umfassend, mit der anderen die schweren dunklen Kleider herabzureißen sich mühend, warf er Olympias auf den Boden, wobei er einen hohen Sessel umstürzte und doch seine Beute nicht preisgab.

»Schlage zu, Söhnchen, schlage, fürchte nicht! auch mich, schone meine Brust nicht, die dich ernährt hat!« schrie die Königin unter dem unbändigen Liebhaber. Alexander stürzte hinzu, packte ihn am Kragen und schleppte ihn fort, den halbentblößten, nichts in seiner Leidenschaft erkennenden Pausanias, und die Lanze in den nackten Bauch bohrend, drehte er einmal um, und noch einmal und dreimal, so daß jener aufbrüllte wie ein Bulle, nach den warmen Brüsten der Geliebten tappend. Olympias, in ein Laken verwickelt, zerzaust, rief: »Schlage ihn nicht! Bring ihn zum Vater, dort sollst du ihn töten!« »So, Königin!« rief der Sohn und schleifte den halbtoten Pausanias an den Beinen die hohe Treppe hinunter. Im Gemach des Königs wars dunkel und roch nach Kräutern; auf das Klopfen des eintretenden Prinzen öffnete Philipp die Augen, aber er drehte sie bald wieder ab. An das Bett tretend, küßte Alexander die Hand des Königs und sagte leise: »Ich bins, Vater, und da ist dein Feind, räche dich!« Die Augen Philipps glänzten auf, und das von seinem Sohne gereichte Messer ergreifend, stach er es mit schwacher Hand in den halbtoten Vasallen. Dann die Augen schließend, lächelte er, und, indem er zu seinem Sohne sagte: »Gott behüte dich, ich sterbe gerächt!« seufzte er zum letzten Male. Der Prinz führte zum Munde des Königs einen Spiegel, wartete einige Augenblicke, dann über den Leichnam des Pausanias schreitend, riß er das Fenster nach dem dunklen Platze auf, wo im Regen die harrenden Mengen standen und rief laut: »König Philipp starb als Rächer!« und ein lauter Ruf erscholl aus der Dunkelheit: »Es lebe König Alexander!« indem rötete der Abglanz der von den Meuterern angezündeten Vorstädte die dichten Wolken.

Ende des ersten Buches.

ZWEITES BUCH

ERSTES KAPITEL

DIE THRONBESTEIGUNG. Alexander hatte achtzehn Jahre vollendet, als er den väterlichen Thron bestieg. Nachdem der neue König eine gehörige Zeit in Trauer und eine andere in den prunkvollen Feierlichkeiten der Krönung verbracht hatte, versammelte er alle Heere und sprach ihnen in einer Rede voll Feuer zu, die persische Macht abzuwerfen. Er versammelte die Jünglinge aus allen Städten und verteilte unter ihnen Waffen aus den offenen Rüstkammern, ohne der Altgedienten zu vergessen, der erfahrenen Ratgeber in den Schlachten.

DIE GRIECHISCHEN FELDZÜGE. Sein Heer zählend, begab sich Alexander, bevor er gegen die Barbaren rückte, in die griechischen Städte, die damals von ihm abgefallen waren, um den Feind nicht im Rücken zu behalten, dabei hinterließ er als Herrscher an seiner Statt Antipater. Eine besondere Hartnäckigkeit im Nichtanerkennen des neuen Herrschers zeigte Theben, das Alexander bis auf den Grund zerstörte, allein das Haus des ruhmvollen Pindar, des Odendichters, verschonend. Und der König hieß seine Flötenspieler und Cymbalschläger laute Siegeslieder spielen, als die Mauern zerstört wurden, welche doch unter Amphions Musik gebaut waren. Nachdem der Feldherr seine Macht in Griechenland befestigt hatte, begab er sich über Makedonien zum Hellespont, um sich nach Asien einzuschiffen. Die Städte unterwegs begegneten ihm mit offenen Toren, den siegreichen König mit Kränzen krönend. Alexanders Überfahrt wahrnehmend, eilten die persischen Kundschafter am Meere, dem König Dareios zu melden, daß der »Besessene« den Hellespont überschritten habe; Dareios, der zu dieser Zeit schachspielend beschäftigt war, vermischte mit der Hand alle Figuren, hieß die Wächter züchtigen und begann die Heere zu sammeln. Die Kriegsmächte trafen am Flusse Granikos zusammen, an einem frischen Morgen, ehe die Sonne noch aufgegangen war. Die griechischen Reiter wagten nicht, in den schmalen aber reißenden Fluß zu setzen und wechselten nur Pfeile und weit hinausschallende Schmähworte. Da stürmte Alexander selbst auf seinem Bukephalos in das reißende Wasser, die Mannen hinter sich mitziehend. Nachdem Alexander die Perser besiegt, durchzog er Jonien, Karien, Lydien, Phrygien, Pamphylien, nahm die königlichen Schätze in Sardes und begab sich über Anaptos nach Sizilien, von wo aus er Italien erreichte. Die Edlen dieses Landes sandten dem Helden Markos, den Feldherrn entgegen mit einer Perlenkrone und Geschenken. Darnach der König von ihnen Krieger zur Hilfe genommen hatte, setzte er sich wieder auf seine Schiffe und segelte weiter in die offene See.

DIE BEKRÄFTIGUNG DER GÖTTLICHEN ABKUNFT. Alexander hatte keine Ruhe, beim Gedanken an seine Herkunft, aber er vertraute seine Sorge niemand an, selbst nicht seinem Freunde Hephaistion. Einmal, als der König die Nacht nicht geschlafen hatte, verfiel er in einen leichten Schlummer gegen Morgen. Und da sieht er, gleichsam mit leiblichen Augen, wie der Gott Ammon die Königin Olympias umarmt, sie süß auf den Mund küssend, und sagt zu ihm, Alexandern: »Fürchte dich nicht, mein Sohn, denn siehe, ich bin dein Vater!« Als der König erwacht auf Deck trat, so leuchtete wie eine Sonne sein erheitertes Gesicht. Der Freund fragte: »Was hast du, König, heute?« Wichtigen Ernstes umarmte ihn Alexander und liebkosend sprach er: »Dich küßt der Sohn Ammons!« und in der Ferne schimmerten gelb die sandigen Flächen immer näher und näher, und die Möven kreisten über dem Schiffe des Königs. So kamen sie nach Ägypten.

ZWEITES KAPITEL

DIE GRÜNDUNG ALEXANDRIAS. Durch ein neues Gesicht wurde Alexander benachrichtigt, daß in diesem Lande eine neue Stadt gegründet werden müsse, dort, wo das erste Wild oder ein wildes Tier getroffen stehen bliebe. Vom Meere mit wenigen Begleitern sich entfernend, suchte der König lange mit dem Blick Vögel oder wilde Tiere, aber alles war leer im Röhricht und Gesträuch, nur Pfützen von der jüngsten Überschwemmung glänzten in der heißen Sonne. Der Schütze ritt daneben, mit dem Pfeil bereit. Plötzlich verkündete ein verhaltener Schrei die gewünschte Begegnung. Und das Schilf zerteilend, erschien ein weißes Pferd mit einem gleicherart weißen Horn auf der Stirn. Es verschwand so rasch, daß mans für ein Gesicht halten konnte. Alexander, Hephaistion und der Bogenschütze stürzten hinter dem wunderlichen Tiere her, in den biegsamen Sumpfgräsern raschelnd, die nachgezogen wurden, von dem bald erscheinenden bald verschwindenden Einhorn. Der erste und der zweite Pfeil erreichten das Ziel nicht, auf die flache See fallend. Endlich ritten sie auf einen offenen sandigen Ort hinaus, inmitten dessen eine Korinthenstaude auf dem Meere wuchs. Das Pferd stand gerade gegen den König und wieherte herzbewegend. Alexander, von dem herbeigeeilten Jüngling den Bogen nehmend, traf in die Stirn das wundersame Tier, das alsobald verschwand. Dort betete der Makedonier unter dem klaren Himmel bis zur Zeit, da die Heere mit dem Kriegsherrn kamen. Sofort wurde der Umfang der zukünftigen Stadt abgemessen, und man zog den Fluß hinauf, indem Hephaistion mit einem Teile der Armee dablieb, um Eingeborene zu dingen, welche Ziegel brannten und rasch für den Augenblick Erdhäuser aus Weidenruten und Lehm aufbauten zur Wohnung der Arbeiter und ihrer Familien.

DAS ORAKEL DES SERAPIS. Gegen Abend erreichte der König eine Insel, auf der ein verlassener Tempel sich befand inmitten einiger Hütten. Keiner der Einwohner wußte, wen das Standbild des schönen Mannes aus schwarzem Stein darstellte. Der Priester selbst konnte es nicht mit Bestimmtheit erklären. Aber Alexander hatte kaum die Schwelle des Heiligtums überschritten, als eine Stimme ertönte:

»Dreifach selig besucht Alexander den Tempel Serapis'.

Schaff eine große Stadt, du baust dir ein ruhmvolles Grab.«

ALEXANDER IN ÄGYPTEN. Die Ägypter empfingen Alexander mit Jubel und feierlichen Aufzügen. Ans Ufer des Flusses kamen Reigen von Jünglingen und Jungfern, Priester in gelockten Perrücken, die weithin nach Moschus dufteten, Hierophoren mit den Abbildungen der Götter in Gestalt von allerhand Tieren, und Scharen schwarzer sonneverbrannter Eingeborener. Der König wurde im alten Tempel zwiefach als urischer Gott gekrönt und zu den Gräbern der Pharaonen geleitet. Eine Totengruft betretend und vernehmend, die sei zu Ehren des sonder Nachricht verschwundenen Königs Nektaneb errichtet, hieß Alexander die Fackeln zum Antlitz des Bildes heben und mit lautem Schrei erstieg er plötzlich die hohen Stufen, umarmte das Standbild und sagte weinend: »Das ist mein Vater, ihr ägyptischen Männer!« Alle fielen zur Erde, nur die bewegten Fächer ragten über die niedergestreckte Menge, und die Hörner der Priester antworteten dem Könige.

Nachdem er die Tage der Festlichkeiten in der Hauptstadt verbracht hatte, nahm der König das Götzenbild des Vaters und die Reliquien des Propheten Elias und fuhr weiter gen Norden. Ein Adler flog den ganzen Weg ihrem Schiffe voran, zuweilen auf das Standbild Nektanebs sich niederlassend, das ragte auf dem Vorderteil und leuchtete mit hellem Topas dem Abendstern entgegen. Von der Ferne erblickten sie den Rauch der gebrannten Ziegel und vernahmen die wehmütigen ägyptischen Lieder, von dem Orte her, wo die Stadt errichtet wurde. Hephaistion wartete mit Fackeln am Ufer, als er von der Höhe das königliche Schiff erspäht hatte.

Nachdem der König den Göttern Opfer gebracht, besonders Serapis und Ammon, und die ersten Gesetze den Ansiedlern gegeben, schiffte er sich wieder ein, bewegt von Ruhmdurst und nieschlafender Tapferkeit.

DRITTES KAPITEL

DIE EROBERUNG VON TYROS. Vor Tyros sandte Alexander Boten, in der Absicht, auf friedlichem Wege die Stadt zu gewinnen; aber zur Antwort auf seinen Brief henkten die Bürger vor den Stadttoren die Boten und schlossen sich noch fester in ihre Türme ein. Alexander trat in Verbindung mit drei östlichen Vorstädten, und in einer dunklen Nacht, da er vorher die Tore offen wußte, fiel er über die Stadt, nahm sie, den Schlaf und die Sicherheit der Einwohner sich zunutze machend, und tötete alle Männer, während er für die Sklaverei Frauen und Knaben ließ.

ALEXANDER IN JERUSALEM. Vom Meere zog der Weg in hohen Bergflächen nach Jerusalem. Die Juden schickten von selbst Auserwählte zu Alexander mit der Bitte, sie untertan zu nehmen, und mit Geschenken.

Alexander beobachtete die Sterne, als man ihm die Gesandtschaft meldete; der König empfing die Juden im Gewande des Sternedeuters, kühl und zurückgehalten; als er vernahm, daß sie ihn bäten, ihm untertan zu werden, befahl er vier Jünglingen sofort sich in einen Abgrund zu werfen, welches sie, mit einander umarmt, auch taten. Die Judäer zerrissen ihre gestreiften Gewänder und erhoben Wehklage; aber der König sprach: »Glaubet nur nicht, daß diese Epheben Verbrecher waren, Verräter oder derlei; aber welche mir zu gehorchen sich vornehmen, diese müssen meinen leisesten Wunsch erfüllen!« Am Morgen empfing im Tore den König der Hohepriester, dessen ganzer Schoß mit goldenen Glöcklein benähet war und dessen Brust sich in ein Ephad hüllte, mit selbstleuchtenden magischen Steinen: 1. Dem babylonischen Sandrion, rot wie Blut, der Wunden heilt; 2. dem indischen Topas, der von Wassersucht befreit; 3. einem Smaragd, — der Augen Weide; 4. dem Amphrax, der in der Nacht und durch Gewänder scheinet; 5. dem Saphir, auf ihm verzeichnete Moses die Gebote; 6. dem Jaspis aus Amathunt; 7. dem Anatis, der Schlangenstich lindert; 8. dem Hyazinth, der mit seiner Glut das Feuer löscht; 9. mit Chrysolithen, Beryllen und Onyx. Der König trat in Eile an den Greis und seine Hand küssend fragte er: »Vater, welchem Gotte dienst du?« — »Dem einzigen, der Himmel und Erde geschaffen!« — »So mag er auch mein Gott sein!« rief der Held. Aber der Greis, die Arme mit offenen Händen zum Himmel gestreckt rief: »Der Gott der Siege sei mit dir, o Sohn!« Das griechische Gefolge des Königs fand sein Betragen nicht ganz der königlichen Würde geziemend, es ging aber ein Gerede der Juden vor Alexander her, daß der Sieger ihrem Aberglauben alle offenbaren Zeichen der Verehrung angedeihen lasse, insgeheim bekennend, aber in der Tat ist dies nichts, als eine leere Fabel.

DIE BOTEN DES DAREIOS UND ALEXANDERS ANTWORT. In Syrien stießen zu Alexander die Boten des Dareios, einen Brief bringend, einen Ball, eine Peitsche und ein Kistchen mit Gold. Der vor versammeltem Heere verlesene Brief war voll aufgeblasener Prahlerei und Schimpfens. »Ich, Dareios, der König der Könige, der Gott der Götter, strahlend wie eine Sonne usw. an Alexander, meinen Sklaven. Möchtest du lieber zu deiner Mutter Olympias gehen, liegen an ihrer Brust, und die Schule besuchen, anstatt fremde Länder zu plündern wie ein Räuber!« Das Schweigen auf dieses freche Anschreiben wurde durch die Stimme des Königs unterbrochen, der laut ausrief: »Haben wir denn vor bellenden Hunden Furcht?« Darauf hieß er die Boten kreuzigen. Die Boten, zwei Perser mit roten Bärten und der Dolmetsch, ein griechischer Knabe, fielen dem König zu Füßen wehklagend: »Erbarme dich! was haben wir getan? Was ist da unsere Schuld?« Der König, mit einem Lächeln antwortete: »Soll ein Räuber um Erbarmen gebeten sein?« —»Wir sehen den König«, lallten jene. — »Wohl, Könige lassen Boten nicht töten!« rief da laut Alexander, gleich als ob er sich an etwas erinnerte und begab sich gesenkten Hauptes zum Nachtmahl, wohin er auch die Boten kommen ließ. Der Dolmetscherknabe flüsterte, zum Ohr des Königs geneigt: »König, ich will dir sagen, wie du Dareios überwältigen kannst. Deine Schönheit hat mich besiegt!« Ihn zur Seite schiebend, sprach der König: »Sage mir dein Geheimnis nicht, bewahre es für jemand, der schöner ist als ich!« Auf dem Feste wurde mit der Einwilligung der Feldherrn auch die Antwort geschrieben: »Alexander, Sohn des Philipp und der Olympias an den König der Könige, den Gott der Götter usw. Dareios — Freude. Bedenke, welche Ehre mir, dich zu besiegen. Doch einen Räuber zu zwingen wär das Verdienst nicht groß! Auch deine Geschenke sind sehr gut. Der Ball ist die Erdkugel, die Peitsche bedeutet Sieg, das Gold — Tribut.« Alle begrüßten mit lautem Rufen die Antwort des Königs, schlagend mit dem Kruge an die Becher und mit den Schwertern an den Boden.

DIE SCHLACHT UND DIE FLUCHT DES DAREIOS. Dareios sandte von neuem ein Schreiben an Alexander, noch aufgeblasener als das erste, aber der Held schüttelte nur die Mähne und sagte: »Dareios gleicht einer Pauke: von der Ferne — schrecklich, in der Nähe — ein gespanntes Fell!« Hinter dem kilikischen Tauros und dicht bei Tarsos trafen sich die Feinde wieder am Flusse. Aus dem griechischen Lager war deutlich das hohe Gespann des persischen Königs zu sehen. Dareios stellte seine besten Kräfte in den Flügel, der jenem gegenüberstand, wo er den Alexander vermeinte. Die Schlacht währte bis zum Abend fast, wobei ein so eng Gedränge war, daß es im allgemeinen Durcheinander beinahe unmöglich ward, den Perser vom Griechen zu unterscheiden, den Gemeinen vom Befehlshaber; die

Pferde kämpften mit aufgeschlitzten Bäuchen, das betäubende Brüllen der Hörner und das Gerassel der persischen Wagen erhöhten die allgemeine Erregung und Unordnung. Bald war die ganze Erde voll von lebenden und gefällten Menschen und Tieren, zerbrochenen und dahinsausenden Gespannen, Blutlachen; und die Wolken, welche die Sonne bedeckten, erschienen noch düsterer von der Menge der Lanzen und Pfeile, die den Tod in alle Teile des Feldes trugen. Der König wandte seinen Blick nicht vom Gespann des Dareios, bis es plump umbog und, zuerst langsam, dann immer rascher und rascher begann vom Schlachtfeld abseits zu streben. Mit einigen Freunden eilte Alexander auch dort hin, die flüchtenden Perser wehrend. Der Wagen, stark seitlings gekrümmt bei den Biegungen, fuhr eilends, mit den speichenlosen Rädern knarrend. Der Weg führte bergauf, immer steiler hinan und menschenleerer; das Geräusch unten verstummte. Schon hörte Alexander das Wiehern der Dareiospferde und endlich gelangte er hin; die Pferde aufhaltend ohne Hast, ergriff er den Teppich-Zudeck, sprechend: »König fürchte dich nicht, du bist in Sicherheit; ich bin Alexander!« Ein dicker runder Kopf schob sich unter der Decke hervor und versteckte sich wieder; nach einigem Warten wiederholte der König seine Versicherung, die abermals vergeblich blieb. Die Fackeln anbrennend, schlugen endlich die Diener die Schöße des Teppichs zurück. Das Gesicht mit den Händen verdeckt, knieten drei Frauen. Der König selbst deckte ihre Gesichter auf; die erste erwies sich als ein Eunuche, der im gebrochenen Griechisch und mit Gebärden erklärte, daß Dareios zu Pferde verschwunden; und seien diese Frauen die Mutter und die Tochter des persischen Königs: die zweite nannte er Datipharta. »Ich hoffe, ihr Fürstinnen, vertraut meinem Edelmute? Zu Hause würde euch keine solche Ehre empfangen, wie sie euch bei mir erwartet«, sprach der König, von der roten Mähne den Helm abnehmend.

Die alte Königin schien ertaubt zu sein, aber Datipharta warf das blonde in kleine Zöpfchen geflochtene Haar zurück, lächelte, nahm Alexanders Hand, drückte sie an ihr Herz, wies dann auf den jungen zweihörnigen Mund, und sie stammelte etwas mit zarter Stimme.

VIERTES KAPITEL

ALEXANDER AM GRABE DES ACHILLEUS. Während Dareios ein zweites Heer sammelte, um Alexander niederzuwerfen, begab sich der König zum Meere, um die von Homer besungenen Stätten zu besuchen. Als der König alles aufmerksam besichtigt hatte und die ruhmreichen Trümmer bewundert, brachte er mit eigener Hand Opfer dar am Grabe des Achilleus, zusammen mit seinem Freunde Hephaistion. Darauf betete er im Tempel des Orpheus und begann seinerseits zu einem neuen Kampfe sich vorzubereiten.

DIE TREUE DES PHILIPPOS. Einmal, nach einem Bade im kalten Wasser des Kidnos, erkältete sich Alexander und wurde bettlägerig. Als der Arzt Philippos geholt wurde, ruhte der König halb sitzend im Bette, hoch gerötet und irgend einen Brief lesend.

Flüchtig mit dem feurigen Auge auf den Eintretenden blickend, fuhr Alexander fort zu lesen, bis der Arzt seine Kräuter stampfte und mischte. Endlich reichte Philippos dem König die Schale; scharf ihn anschauend rief jener: »Siehe, welch ein Vertrauen, o Philippos!« und begann langsam zu trinken, ohne die Augen von dem ruhigen Heilenskundigen zu wenden. Darauf zurück in die Kissen fallend, ließ er Philippos die heimliche Anzeige des Parmenion lesen, daß der königliche Arzt bestochen sei, Alexandern zu vergiften. Nach seiner Genesung näherte sich der König dem Philippos noch mehr, gänzlich Parmenion von sich haltend.

DIE VORBEREITUNG ZUR SCHLACHT. Mysien und Armenien durchziehend erreichte der König durch wasserlose Wüsten den Euphrat, dessen Quellen im wundersamen Paradies verborgen sind. Alexander holte den Zug ein, und selbst die Spitze des Heeres nehmend, befahl er die Brücken zu vernichten, welches Dareios sofort gemeldet wurde. Der persische König schickte Boten zu seinen Feldherrn und vereinigten Herrschern, aber allein Poros von Indien versprach ihm seine Hilfe. Die alte Mutter schrieb aus der Gefangenschaft, von welcher Ehrerbietung und Hochachtung sie umgeben sei, und beschwor flehentlich, nicht die Welt in Aufruhr zu setzen. Dareios brach in Tränen aus, nachdem er an König Alexander ein Schreiben abgesandt hatte, in welchem er auf die gefangenen Verwandten Verzicht leistete, ihr Schicksal dem Könige selbst überlassend. Alexander lachte, antwortete nichts auf dieses wahnwitzige Schreiben und begann zur Schlacht sich vorzubereiten.

ALEXANDER IM PERSISCHEN LAGER. Der König suchte vergebens irgend jemand, der es auf sich genommen hätte, in des Dareios Lager sich zu begeben. Nachts ließ er an die Hörner der Ziegen brennende Zweige binden, jagte sie vor die babylonischen Mauern und benutzte den Schrecken der Wächter, um den großen Umfang der Stadt von außen in Augenschein zu nehmen. Die dreifache Reihe der Mauern, die hohen Kupfertürme und die Tore lagen in Schweigen; nur die Elefanten brüllten von innen gegen die Himmelsröte, und aufgestörte Tauben flogen in Schwärmen zum schwarzen Himmel. Nachdenklich betrachtete der König die erstaunlichen Mauern und erklärte, heimgekehrt, daß zu Dareios als Bote er selbst sich begeben werde.

Vergeblich suchten die Ratgeber den König von seinem Entschluß abzuwenden, wie von dem Vorhaben eines Hirnverbrannten. Eumelos und drei Pferde nehmend, selbst gekleidet nach der Art des Hermes, begab sich Alexander zum Flusse Strangas, der damals mit Eis bedeckt war. Dort ließ er Eumelos mit zwei Pferden, selbst überschritt er auf dem Bukephalos den Fluß und rief: »Ammon ist mein Helfer!« Die persischen Wächter, Alexander umringend, hielten ihn für eine göttliche Erscheinung, und geleiteten ihn in den Palast, allwo Dareios in babylonischen Gewändern, im vergüldeten Schuhwerk, im Purpurkleid, mit Szepter und Stab auf dem strahlenden Throne saß. Alle verwunderten sich über Alexanders kleine Gestalt. Dareios sprach mit etwas vom Weine ermatteter Stimme: »Wer bist du, Knabe?« — »Ich bin der Bote Alexanders.« — »Was hast du zu sagen?«

»Alexander drängt zum Kampfe und ist unwillig, ob deiner Langsamkeit!« Die Brauen des Königs runzelten sich, dennoch sagte er laut lachend: »Sei er unwillig, wir aber wollen einstweilen zechen! Eine Schale für ihn!« Alexander verbarg die eine Schale in den Falten der Chlamys und streckte die Hand nach der zweiten aus, Dareios lachte schläfrig. »Geschickt! und jene, wo ist sie, die erste?« »Der König Alexander schenkt stets die Schalen, wenn er mit Freunden zecht!« Der persische Künstler flüsterte Dareios ins Ohr, dieser Mensch sei Alexander selbst, von dem er einst ein Bildnis gemacht. Der König nickte bejahend in halbem Schlafe; durch die Reihen der Gäste ging ein Raunen: »Alexander selbst«, aber Alexander, an das hohe Fenster tretend rief: »Ja, ich gleiche von Ansehen dem gottähnlichen Helden, aber ihr irret euch!« dann, auf einmal auf den Sockel der Bildsäule des Xerxes steigend rief er laut: »König Dareios, sieh mich gut an, auf daß du in der Schlacht Alexander nicht vorbeilässest!« und sich abschwingend von der auf den Tisch gestürzten Bildsäule, mit den Bruchstücken Becher und Schalen zerschlagend, verschwand er durch das hohe Fenster.

Die trunkenen Perser, fluchend, sattelten die Pferde im Dunkel, aber sie holten den leichten Griechen nicht ein, und meldeten dem bei Trümmern der väterlichen Säule sitzenden Dareios die unwahrscheinlichsten Nachrichten über das Verschwinden Alexanders.

FÜNFTES KAPITEL

DIE SCHLACHT. Die folgende Schlacht fand bald statt am Flusse Strangas im Winter; die beiden Führer hatten so viel als möglich Heere gesammelt, und sprachen ihre bedeutendsten Reden. Dareios befand sich in einem wunderlichen Gespann, mit Sicheln ums Rund der Räder, mit denen das Gefährt alle Herannahenden mähte. Und solcher Vorrichtungen gab es ein ganzes Bataillon. Diese Schlacht war am blutigsten; der Himmel wurde verdunkelt von den Pfeilen, Steinen und Spießen. Die persischen

Sichelwagen schnitten auf der Flucht in ihre eigenen Soldaten; und diese, ihre letzte Zuflucht auf dem Eise des Flusses suchend, fanden dort ihr endgültig Verderben, da das Eis das Gewicht von so vielen Menschen und Pferden nicht trug und brach, und alle wurden von dem plötzlich offenen schwarzen, rauschenden Wasser zugedeckt. Dareios zerriß am Ufer sein Kleid und begab sich eilig in den Palast, wo in entferntem Gemach eingeschlossen, er auf den Boden stürzte, wie ein Kind weinend: »Dareios, Dareios, ein flüchtender Bettler, vor kurzem noch der Beherrscher der Welt!«

Apis, der Vertraute des Dareios, unternahm erfolglos einen Anschlag auf das Leben Alexanders, indem er sich als Makedonier verkleidete, er wurde aber vom großmütigen König in Freiheit gesetzt. Alexander hieß die Leiber der gefallenen Griechen und Perser begraben, und schickte sich an, in Babylon zu überwintern, das durch viele Wunder berühmt war.

DER TOD DES DAREIOS. Zwei andere Vertraute von Dareios, im Wunsche, angenehmes Alexandern zu bereiten, als dem wahrscheinlichen Sieger in diesem Kampfe, beschlossen den Perserkönig zu töten; einmal in der Nacht in das königliche Schlafgemach dringend, überfielen sie Dareios, aber mit nackten Händen wehrte er die zwei so ab, daß die Edelleute ohne die schmachvolle Absicht wahr zu machen verschwanden; indem sie den nicht vollends erwürgten König stöhnend im dunklen Gemache zurückließen. Kaum erfuhr Alexander von der Verschwörung und dem Mordanschlag auf Dareios, als er sofort übers Eis den Fluß beschreitend, sich in des Persers Gemach begab. Der König lag auf dem Fußboden, mitten im Zimmer, das alle Spur des jüngsten zähen Kampfes trug, kaum noch lebendig.

Alexander deckte ihn mit seiner Chlamys zu, und, die erstarrenden Hände drückend, flüsterte er: »Dareios, stehe auf, lebe, herrsche in deinem Lande!«

Dareios, auf den König den irrenden Blick geheftet, flüsterte kaum hörbar: »Sieh, was ich geworden; ein Schatten, auf einer Mauer vorüberhuschend, das ist der Ruhm; denk daran, denk daran! . . .« Des Dareios Gesicht mit dem Mantel verhüllend, sprang Alexander davon. In Babylon besah er alle Wunder, bestattete Dareios, kreuzigte an seiner Grabstätte seine Mörder, krönte sich und feierte bald darauf seine Hochzeit mit Roxane, wobei er, wie es schien, den Gipfel menschlichen Glückes erreichte.

Ende des zweiten Buches.

DRITTES BUCH

ERSTES KAPITEL

DER ABSCHIED VON ROXANE. Der Winter, verbracht in Frieden und Muße, quälte Alexander mit undeutlicher und unbestimmter Sehnsucht und oft, im Frühling schon, mit seinem Freunde Hephaistion auf der Terasse sitzend, seufzte der König nach fernen Feldzügen. Dieses Streben lobend, riet der Freund dem Könige nach dem Osten zu wandern, in das indische Reich, durch Wüsten; Gestirne des Himmels zu Führern, und Sternenreigen. Der König küßte den Freund und ging zu der Königin Roxane. Die Königin saß am Fenster, ohne etwas zu tun, gelangweilt von Alexanders Kälte, denn, obwohl sie die Gemahlin des Königs hieß, so blieb sie doch Jungfrau zu ihrem großen Ärger. »Was belieben, Sie, König?« fragte sie ohne an den Gemahl ihr breites, grell geschminktes Gesicht zu wenden. — »Mein Schwert und den Feldmantel such ich, Frau Königin«, antwortete Alexander. »Schicken Sie sich denn an, in neue Feldzüge zu gehn?« fuhr Roxane fort, die Augen von den gemalten Fensterscheiben nicht wendend. »Ja, Herrin!« — »Es wäre nicht übel, wenn Sie mich vorher benachrichtigten, damit ich Ihnen etwas zum Andenken sticken könnte.« »Sie werden auch ohnehin in meinem Andenken herrschen!« Die Königin erging sich im Zimmer und wandte sich wieder an den Gemahl: »Was ist Ruhm? Ist es ein Rauch? Sie sollten einen Sohn haben, als würdigen Erben.« Und sie ließ sich auf den Fußboden zu den Füßen des Helden nieder. Alexander antwortete lange nichts, lächelnd und in Roxanes Locken spielend, dann sprach er: »Herrin, sticke mir einen Siegesmantel, bringe Opfer den Göttern dar, uns Männer aber laß die Männergeschäfte entscheiden!« Der König verließ eiligen Schritts die Gemächer der Königin, und jene saß lange in der Dunkelheit, mit den Händen die Schläfe pressend, die der Gemahl geküßt hatte; nicht hörend die Hörner und das Wiehern der Pferde, das Stampfen der Lanzen und die dumpfen Paukenschläge. Leer war der dunkle Platz, als Roxane in das Fenster blickte, und eine kleine Lampe erzündend, setzte sie sich zum Sticken hin, und verlor böse, karge Tränen.

DIE WANDERUNG IN DER WÜSTE. Das Heer wußte nur unklar, wohin es ging, die Feldherrn ebenfalls, und nur die Sicherheit der wolkenlosen Stirn des Königs hielt sie vom offenen Murren zurück. Von den Sternen acht Tage geleitet, kamen sie in Fruchtwälder, deren Einwohner Tieren glichen, und in ein Grasland, wo an Stelle von Hunden an den Häusern Flöhe und Kröten angekettet waren, und in ein Sumpfland, wo die schamlosen Einwohner bellten und nur durch Feuer in die Flucht gejagt werden konnten. Und weiter zogen sie und wunderten sich, über die Greifen, die stummen Völkerschaften, die Halbhunde, den einäugigen Tiger, die im Feuer lebenden Salamander, den Baum, der gegen Abend eine wohlriechende Träne vergießt, die sechsfüßigen dreiköpfigen Pardeln. Und aus dem warmen Nebel sangen zarte aber strenge Stimmen: »Mache Halt, König, mache Halt!« Aber Alexander rief laut in die Dunkelheit: »Ich will den Rand der Welt sehen!« Und sie gingen wieder weiter, die Müdigkeit und das Murren durch die Liebe zum König betäubend. Endlich verkündete ihnen ein warmer und dichter Nebel die Nähe des Meeres. Im rosigen Nebel war das Meer nicht zu sehen, aber sichtbar waren die kaum blinkenden Lampen auf den Masten der Schiffe. Der König bestieg ein Schiff, das niemand kannte, und fuhr ab, ins dichte, leis und zischend schäumende Naß. Zur Linken war eine bewaldete hohe Insel sichtbar, von der griechische Worte herüberklangen, aber die Sprechenden waren nicht zu sehen, und die Mutigen, die im Schwimmen das wunderbare Ufer zu erreichen suchten, wurden von unsichtbaren Händen in den Strudel gezogen. Endlich war der Nebel so dicht, daß er wie eine Porphyrmauer erschien, und der König war genötigt, ans Ufer zurückzukehren. Lange stand Alexander vor dem Nebelmeer, und dann begab er sich mit einem Seufzer in die Tiefe des Landes.

DAS GEBIET DER FINSTERNIS. Bald erreichten sie ein finsteres Land, ohne Dämmerung, Sonne und Mond, wo sie das Land der Seeligen vermuteten. Um den Weg in der Finsternis nicht zu verlieren, wurde eine Eselin von ihrem Jungen getrennt und, indem man die erstere vorausließ, hielt man das andere vor dem Heere, damit man durch die Schreie der Mutter geleitet werde. Aber ein sonderbares Licht beleuchtete den unterirdischen Weg den Wanderern. Die Gegenstände in ihrem Wege erschienen grau und unbestimmt, wie nach dem Schlaf. Bald kamen sie an einen traurigen, hügeligen Ort; der Wind brachte von links einen schweren Gestank und die Eselin schrie in der Ferne kaum hörbar. Die Fledermäuse, dahinjagend über ihre Köpfe, schienen zu zischen: »Biegt nach links.« Die Wanderer fanden bald einen See ganz von Menschen erfüllt, so daß kein Wasser zu sehen war, und nur Köpfe, Schultern und Arme. Unter der Erde hervor drang Stöhnen und Wehklagen, gleichsam wie während des Sturmes aus dem Innern eines Schiffs. Aber alle Stimmen wurden von der Stimme eines Riesen übertönt, der an einen spitzen Felsen gefesselt war; fünf Tage Weges weit war dieses Weheklagen zu hören. Ihnen entgegen kamen Haufen von Menschen, Männer und Frauen, alle entblößt, die von flammenblickenden Vögeln mit Nesselpeitschen gejagt wurden. Mit zerzausten Haaren blickten die Gejagten wild den König an und riefen mit ausgestreckten Armen: »Hast Du, König Alexander, die Liebe gekannt?« Der König richtete seine Augen auf Hephaistion und wiederholte langsam: »Habe ich die Liebe gekannt?« aber die grauen Menschen, heiser bellend, waren schon vorbeigezogen, gebeugt unter den Schlägen der Nesselpeitschen. Von der Bergfläche herabsteigend, betraten sie offenbar das Kupferland, so schallend verbreitete das Echo das Gestampf der Hufe. Alexander erschrak, indem er sich an die Weissagungen des Antiphon erinnerte, er werde sterben im eisernen Lande unter beinernem Himmel. Aber auch diesen Weg wanderte man zu End, ohne auf die nunmehr unaufhörlichen Stimmen und Weheklagen weiter zu hören. Auf einmal überraschte eine plötzlich eingetretene Stille ihr Gehör. Rechts ragte ein dichter Wald hinter hoher Umfriedung, eine Quelle glänzte im Silber murmelnd am Eingang, und der Himmel erschien durch die dichten Zweige durchsichtiger, grünlich zart erschimmernd. Das Wiehern der Eselin in der Ferne verstummte. Der König näherte sich dem Haine, nahm den Helm ab und blickte prüfend auf den helleuchtenden Himmel. Plötzlich tat sich das Tor leicht auf und aus dem schweren Dickicht trat ein nackter Jüngling mit hoher Lanze, auf deren Spitze ein wunderbarer Topas gelb schimmerte. Mit zärtlicher Stimme, wie eine Turteltaube sagte er: »König Alexander, das ist die Stätte der Seligkeit; niemand kann hier lebend eintreten selbst du nicht, der an diesen Ort kam, den noch kein Menschenfuß betrat. Freue dich, du wirst bald hierherkommen, auch ohne deinen Wunsch.« Und mit traurigem Lächeln verschwand der Knabe und das Tor schloß sich von selbst, und der König führte schweigend sein Heer weiter, dem Wiehern der Eselin nach, bis er ins weiße Licht kam, in Sonne, Mond und Sterne, und wo Gras die liebe schwarze Erde bedeckt.

ZWEITES KAPITEL

DAS MURREN DER SOLDATEN. In Indien nahm Alexander die Gesandten des Poros an, des Königs von Indien, der davon abriet, gegen den Gott Dionysos zu kämpfen, welcher ihm, Poros, beistehen sollte. Der König antwortete: »Mit einem Gott kämpfe ich nicht, aber ich fürchte auch nicht aufgeblasene Barbarenworte.« Die Feldherrn Alexanders jedoch, gewahrend, daß der Weg noch ferne hin sich zöge, die Berge immer unzugänglicher würden, die angetroffenen Tiere immer wunderlicher, bewegten die Soldaten, daß sie sich weigerten, dem Könige zu folgen. Alexander las im Zelte den Homer, als er zu den Soldaten gerufen wurde. Das Lager befand sich in einem schmalen Tale, sodaß der frühen Stunde ungeachtet, das lilafarbne Licht nur auf den Gipfeln der Berge lag. Die Menge schrie: »Wir sind nicht unsterblich, wir sind nicht Kinder Ammons! Wir brauchen Nahrung! Wohin hast du uns gebracht! Wir fürchten uns! Weiter gehen wir nicht: Geh allein!« Der König schwieg lange, die Augen gehoben zu den schweren Wolken, die rosig wurden. Dann erscholl hell und weit seine Stimme: »Bleibt hier, oder kehrt nach Hause zurück, das sei eure Sache. Ich werde auch ohne euch weiter ziehen, und wenn ichs allein tun muß. Wie die Sonne nicht ihre Bahn ablenken kann, weder nach rechts noch nach links, so kann auch ich nichts mehr an dem mir vorbestimmten Ruhm ändern!« Hephaistion und die zunächst stehenden Jünglinge stürzten hin, und küßten das kurze Kleid des Königs mit den Rufen: »Wir sterben mit dir!« »Mein Ruhm ist euer Ruhm!« antwortete der König und ging ins Zelt. Gegen Morgen rückten die beruhigten Heere weiter, den Horden des Poros entgegen.

DIE SCHLACHT MIT POROS. Auf den Gipfel des Berges gestiegen erblickten die Griechen plötzlich eine endlose grüne Ebene, weiße Tempel mit blauen Bassins, Felder unbekannten Korns, dünne aber zahlreiche Waldungen, mit roter Erde bestreute Wege und in der Ferne das ruhige blendend blaue Meer. Der Wohlgeruch der Feld- und Sumpfgräser drang sogar bis zu den Bergen, Vögel mit bunten Schöpfen flogen von Palme zu Palme, Schmetterlinge schwirrten schwer auf lila und rosa Blumen. Bienen summten in der stehenden Hitze. Über das ganze nahe Feld waren weiße Zelte verstreut, und hohe schwarze Menschen in weißen Kleidern mit Lanzen in den Händen, wachten vor Scheiterhaufen. Zur Seite, wie eine Herde, lagen Panther und Tiger spielend zwischen den Beinen unbeweglicher Elephanten. Da der König Kriegstiere mehr fürchtete, als das Heer selbst des Poros, hieß er kupferne Gestalten von Menschen machen, sie bis zur Rotglut erhitzen und vor die Krieger stellen, sodaß die von den goldenen Ketten freigelassenen Tiger zurücksprangen, mit Geheul im Grase vor Schmerzen sich wälzten, dann sich wieder auf andere Abbilder stürzten, oder mit Gewinsel der Geißel des Aufsehers Gehorsam verweigerten. Zur Nacht gingen die Gegner auseinander, um mit der Dämmerung wieder den Kampf zu beginnen. So dauerte dies acht Tage; am neunten schlug Alexander Poros vor, den Streit durch Zweikampf zu entscheiden, obwohl Alexandern von solchem Schritte abgeraten wurde, indem man ihm vorhielt, König Poros sei ein ruhmreicher Zweikämpfer, und beinahe zwei Ellen größer von Gestalt. Am zehnten Morgen begannen die königlichen Gegner vor den Heeren ihren Zweikampf. Poros war groß von Gestalt und biegsam, mit einem roten kleinen Schurz auf seinem braunen Körper; der Kopf mit roter Seide umbunden, glänzte wie ein roter Rubin, sein Gesicht war regelmäßig und jugendlich schön, und der Blick der großen niedrig stehenden Augen versetzte schüchterne Menschen in ein abergläubisches Beben. Die Feldherrn und die Soldaten verfolgten schweigend den Gang des Kampfs, während die indischen und griechischen Priester Opfer brachten, jedes nach den Gebräuchen ihres Glaubens. Alexander warf rasch den Indier um, preßte mit den weißen Händen seinen schwarzen Hals zusammen und ließ ihn lange nicht aus. Endlich erscholl die ruhige Stimme des griechischen Königs über das weite Feld: »Ihr indischen Leute, schickt eurem König Ärzte. Unser Streit ist zu Ende, nicht mit euch kämpfe ich, ich hatte nur einen Feind — König Poros.« Der Indier lag rücklings da, ruhig die Arme gebreitet und mit geschlossenen Augen, ohne zu atmen. Von den fernen Bergen flog ein Geier herunter, setzte sich dem Toten auf die Stirn und dreimal auf seinen schimmernden Rubin hackend, erhob er sich wieder langsam in die nebligen Berge.

DRITTES KAPITEL

DIE BRACHMANEN. Die Weisen, Brachmanen genannt, sandten Alexander ein Schreiben, in dem sie baten, sie geruhig und im Gebet ihre Tage führen zu lassen. Der König war begierig, sie selbst zu sehen, obwohl nicht diese berechtigte Neugier allein ihn zum Besuch zu bewegen schien. An einen gleichwie Milch trüben Fluß gelangt erblickten die Wanderer bärtige und bartlose Menschen, ganz nackt, unter den Zweigen eines wilden Pflaumenbaums liegend und Schweigen wahrend; manche lagen da mit untergeschlagenen hageren Beinen und schiefblickenden Augen, die erhobenen Arme im Ellbogen gekrümmt. Alexander im kurzen roten Mantel trat zu den Weisen, begrüßte sie und begann Fragen zu stellen. Den König umdrängend mit halbgeschlossenen Augen, gaben die nackten Weisen mit stillen Stimmen Antworten.

Frage: Habet ihr ein Reich und darin eine Stadt?

Antwort: Die Welt ist unser Reich und unsere Stadt: Die Erde gebiert uns, ernährt uns, und empfängt unsere Asche.

Frage: Von welchem Gesetz werdet ihr geleitet?

Antwort: Höhere Vorsehung bewahrt uns, und bestimmt unsere Taten und Gedanken.

Frage: Was ist das Königtum?

Antwort: Kraft, Verwegenheit, Last.

Frage: Wer ist der Stärkste von Allen?

Antwort: Der menschliche Gedanke.

Frage: Wer ist dem Tode entronnen?

Antwort: Der lebendige Geist.

Frage: Gebiert die Nacht den Tag, oder ist der Tag der Vater der Nacht?

Antwort: Die Nacht ist unsere Urmutter, wir wachsen im Dunkel und streben zum nievergehenden Licht.

Frage: Habet ihr einen Abt?

Antwort: Unser Ältester ist Dandamis.

Frage: Möchte ihn küssen!

Der König wurde durch einen schattigen Hain zu dem Greise geleitet, der so mager war, daß ein leichter Windhauch zu genügen schien, seine gedunkelte Körperlichkeit zu verwehen. Seine Lider waren gesenkt und auf großen Blättern vor ihm lag eine Melone und einige Feigen. Er erhob sich nicht beim Nahen Alexanders, öffnete nicht einmal die Lider, die nur leise aufzuckten. Sein Bart zitterte und seine Stimme war so schwach, daß der König sich bücken mußte, um sein prophetisches Lallen zu vernehmen. Mit einem Lächeln nahm der Greis in die dürre Hand das Gläschen Öl entgegen, das ihm der König darbrachte, aber er weigerte sich, Gold, Brot und Wein zu empfangen. Ein kaum hörbares Flüstern säuselte wie ein wankendes Rohr: »Wozu führst du immer Krieg: Wenn du auch alles besitzen wirst — kannst du es denn mit dir nehmen?« Alexander rief schmerzlich: »Wozu bewegt der Wind das Meer? Wozu verstäubt der Orkan den Sand? Wozu jagen die Wolken und biegt sich der Rebenzweig? Wozu bist du als Dandamis geboren und ich als Alexander? Wozu? — Erbitte, du Weiser, was du willst, alles gebe ich dir, ich der Beherrscher der Welt!« Dandamis zog ihn an der Hand und flüsterte freundlich: »Gib mir Unsterblichkeit«. Erbleicht riß Alexander seine Hand aus den Händen des Greises und ging schnell ohne sich umzuwenden aus dem Schatten des Hains zum Flusse, wo auf milchiger Nässe fette kropfige Enten knarrten und Mücken in Reigen schwirrten.

VIERTES KAPITEL

DIE WEISSAGUNGEN DER BÄUME. Breite palmenbepflanzte Straßen, weite, bald weiße bald bunte Tempel, eine geräuschvolle Menge ergötzten die müden Blicke der Ankommenden. Die Einwohner waren ergeben und freundlich. Ein alter Priester mit hohem Stabe aus schwarzem Holz führte den König herum, die Seltenheiten der Stadt weisend. Das merkwürdigste Wunder war der Garten, in dessen Mitte zwei Bäume wuchsen, in der Art von Zedern, mit Tierfellen zugedeckt. Auf die Frage des Königs antwortete der Führer: »König du siehst zwei heilige Bäume: Der eine heißt das Mannsgeschlecht und ist dem Sonnengotte geweiht, der andere, der Mondgöttin geweiht, heißt das Weibsgeschlecht. Die Tierfelle sind Gaben der Pilger, wobei die Felle der Männchen auf den Sonnenbaum gelegt werden, und die der Weibchen auf den Mondbaum. Dreimal am Tage und dreimal nachts verkünden die Bäume das Schicksal bei Sonnenaufgang. Zenit und Neigung der Sonne und des Nachtgestirns. Wenn du dein Schicksal zu erkunden beliebst, reinige dich, entwaffne dich, und tritt betend zu den Bäumen.« Zornigen Blick sprühend rief Alexander: »Wenn die Sonne untergehen wird, ohne daß ich die Stimme vernehme, so werde ich euch lebendig verbrennen!« Der Priester neigte sich und ging weg, und der König begann, nachdem er die geforderten Gebräuche erfüllt hatte, zu beten, die Hand auf den Stamm eines heiligen Baumes gelegt. Schon glänzte die Sonne rot mit rotem Rande über den dichten Hain und der König wollte zornerfüllt fortgehen, als auf einmal, gleich einem fernen Gong eine tiefe Männerstimme sang: »König Alexander, bald wirst du durch die Inder verderben!« Ohne sich zu rühren stand der König da, wie versteinert; bis die rasche Dämmerung die neue trübe Röte des nächtlichen Gestirns brachte, und aus dem Laub des benachbarten Baumes eine dunkle Frauenstimme ertönte: »Armer König Alexander, wirst nimmermehr deine Mutter Olympias schauen: In Babylon wirst du sterben.« Der verwirrte König trat zu seinem Gefolge, das auf ihn hinter der Umzäunung wartete; auf die Frage des Königs, ob auf die Bäume Kränze gelegt werden dürften, antwortete der Priester: »Es ist verboten, doch wenn du willst, tue es; nicht für dich, göttlicher König, sind die Gesetze!« Alexander folgte und entfernte sich in seinen Palast. Die ganze Nacht zechte er mit seinen Freunden, an die Feldzüge und an die Gefahren zurückdenkend, aber kaum graute der leichte Morgen, da verließ der König, dringende Geschäfte vorhaltend, den Saal und begab sich von Neuem zur geheiligten Umfriedung. In Sehnsucht beugte sich der König vor dem Baume, und als die Sonne die ersten Strahlen auf die Wipfel spritzte, und purpurgoldene Vögelchen auf biegsamen Zweigen sich rührten, da erklang eine hohe Kinderstimme gleichsam von der Kuppel des hellen Blaus herniedersinkend. »Alexander, Alexander, in Babylon wirst du sterben, nimmer umarmend, die dich geboren. Prüfe nicht mehr das Schicksal, wirst keine Antwort haben!« Ohne jemand etwas zu sagen, trat der König in sein Gemach und schlug die Schriftrollen auf, und als der eintretende Freund fragte: »Warum bist du, König, so bleich?«, da antwortete Alexander: »Ich schlafe wenig; Arbeit und Müdigkeit nehmen mir die Röte!« Bald begann er von Plänen für neue Feldzüge zu sprechen.

DIE ERFORSCHUNG DER LUFT. Alle wurden durch den Befehl des Königs verwundert, einen geräumigen Käfig anzufertigen, und gleicherart ein gläsernes Gefäß in Form eines Eies, sieben Paar kräftige Gebirgsadler zu fangen und ein keusches Mädchen zu finden, das noch keinen Mann gekannt. Als alles erfüllt war, rief der König das Volk zusammen auf ein freies Feld hinter der Stadt, und auf eine Anhöhe sich stellend, sagte er: »Ich habe Europa und Asien besiegt, das alte Ägypten und das wunderbare Indien, den Süden, Osten, Westen und Norden; ich habe große Könige niedergeworfen; ich zog über die ganze Erde von Ende zu Ende; ich war im Reich der Finsternis und sah die Stätte der Seligen. Jetzt werde ich die Elemente besiegen, die leichte Luft und das fließende Nasse, ich bin Alexander, der Sohn des lybischen Gottes!« Alexanders Gesicht war bleich, aber seine

Stimme klang fest und hell über das weiße Feld. Darauf hieß er an den Käfig die Adler binden und davor Fleischstücke zu legen. Selbst nahm er zwei Lanzen, deren Länge die Fesseln der Vögel übertraf, und nachdem er auf die Spitzen die blutigen Stücke gesteckt, hob er sie mit beiden Händen in die Höhe; die Adler stürzten ihnen nach, ohne sie zu erreichen, und der Käfig mit dem Könige darin begann, sich bewegend, aufzusteigen vor den Augen des staunenden Volks. Immer kleiner und kleiner wurde der Käfig, sodaß die vorbeifliegenden Schwalben größer als er zu sein schienen, und endlich verschwand er. Alexander flog immer höher und höher, und der Wind pfiff in seinen Locken. Die Erde wurde immer kleiner, bis sie, umgeben vom Bande des Ozeans, der Scheibe eines dunklen Granatapfels auf einer Schüssel reinen Wassers gleich wurde. Tag und Nacht strebte der König in die Höhe, an den Sternen und Planeten vorbei. Die Sterne waren kristallene buntfarbige Gefäße an goldenen Ketten, und jeder Engel entzündete und verlöschte eine Flamme der Nacht. Die Planeten aber waren durchsichtige Räder, die in ihren Spuren von dutzenden von Engeln gewälzt wurden. Stimmen riefen dem Winde entgegen: »Kehre um, kehre um!« Endlich erblickte Alexander aus der Ferne die Sonne. Ein Rad von Hyazinth, dessen Größe dreimal den Umfang der Stadt Babylon übertraf wurde in einer goldenen Spur gewälzt von Engeln mit freudigen Gesichtern und in roten Mänteln. Den Kopf zurückwerfend schrie der König in das flammende Leuchten: »Ich bin Alexander! ich bin Alexander!« und die Adler schrieen vielstimmig mit sieben Paaren offener Schnäbel. Der Schall von tausend Hörnern und tausend Donnern erklang zur Antwort: »Zurück, betörter Sterblicher, ich bin dein Gott!« Ohnmächtig ließ Alexander die Lanzen sinken und die Adler trugen ihn zur Erde nieder, schneller als ein wahnsinniger Komet. Als das Volk, welches auf den König wartete, rief: »Ruhm Alexandern, der die Elemente besiegt!« da antwortete der König nichts und begab sich bleich, die Menge hinter sich, an das Ufer des Meeres.

DIE ERFORSCHUNG DES WASSERS. Dort hieß der König an Taue das gläserne Gefäß binden, und an einen dünnen Strick ein silbernes Glöckchen, und befahl, das ausfindig gemachte Mädchen herbeizuführen. Sie war klein und braun, sah sich erschreckt um und nannte sich Chadschidscha. Ihre Eltern, der Arzt und der Priester beschworen, daß sie Jungfrau. Alexander sagte zu ihr: »Halte dies Tau; solange du keusch bist, wird das Gefäß nicht vertrinken. Wenn ich schelle, ziehet die Stricke aus dem Wasser!« Und in das Ei tretend, begann er in den Strudel niederzusinken. Ein grünliches Halblicht, durch die hellen Scheiben sichtbar, umgab den König. Die Fische schossen wie Pfeile aus der Tiefe Alexander entgegen, und große Ungeheuer krochen langsam über Meerespflanzen von Ort zu Ort; der König sah zu, wie die größeren Fische die kleineren verschlangen, um selbst von den

Ungeheuern vernichtet zu werden; wie Trümmer von Schiffen auf den Grund sanken, wo die Ertrunkenen fahl schimmerten, ineinander verschlungen oder Kleinodien fest umfassend, oder mit qualverzerrten Gesichtern. Mit grünen herausgequollenen Augen blickten Kraken durchs Glas auf den König, neugierig nah an das Gefäß heranschwimmend. Plötzlich stieß das Schiff des unterseeischen Schwimmers auf eine Korallengrotte, aus der eine Frau schwamm mit grünen Rohrzöpfen und Schuppengliedern. Ihr Angesicht war schrecklich und furchterregend; sie machte wehrende Gebärden mit den Händen, weit die Lippen öffnend, als ob sie etwas schrie, aber ihr Schreien drang nicht durch das gläserne Gefäß, und als der König sie verließ, und immer mehr in die dunkle Tiefe zu sinken begann, da sah er, wie das Meerweib mit ringenden Händen in der Korallengrotte verschwand. Als Alexander sich niederbeugte, erblickte er ein kleines schwarzes Wassertier, von der Art eines Krebses, das an der glatten Wand festgeklammert, emsig nagte, sodaß das Wasser bereits in dünnem Strahl nach innen strömte. Da ergriff Alexander die dünne Schnur und das Gefäß begann rasch aufzusteigen, mit dem bleichen König, der nicht mehr in die Fernen schaute, welche nun in hellem Grün aufglänzten. Als er ans Ufer gezogen wurde, stand der Mond im Zenit, und schien auf zwei Leichen: Des Mädchens Chadschidscha und eines großen Soldaten. Alexander trat heran und erfuhr, daß, als alle ermüdet vom Wachen eingeschlafen waren, das Mädchen sich dem ersten, der an sie herantrat, hingegeben hatte und das Tau des Königs aus der Hand ließ. Da hatten die, welche dem Könige nahe standen, die Verbrecher erschlagen. »Wieviel Zeit verbrachte ich auf dem Grunde?« — Zwei Stunden, König. — »Nicht zwei Stunden hat die Festigkeit eines einzigen keuschen Mädchens standgehalten?« sagte der König nachdenklich, und begab sich, von der Menge und von Hornklängen begleitet, in die Residenz. »Ruhm sei Alexandern, der die Elemente besiegt!« rief die Menge, die Priester schwenkten qualmende Rauchfässer dem Könige entgegen, der war bleich unter dem Monde im Zenit.

Ende des dritten Buches.

VIERTES BUCH

ERSTES KAPITEL

DIE ERRETTUNG DES KANDAULES. In Alexanders, der heimkehrte, Lager, kamen in der Nacht einige Reiter gesprengt in zerrissenen Kleidern, verstaubt und blutbedeckt. Da der König ruhte, in einen leichten und für ihn seltenen Schlummer versunken, so wurden die Angekommenen von Alexanders Würdenträger Ptolemaios empfangen. Ein Jüngling, angetan mit reicherem Kleide, erklärte, er sei Kandaules, der Sohn der ruhmreichen Königin Kandake, und daß er mit seinem Weihe auf das Fest der Mysterien des Sommers gezogen sei; unterwegs habe sie eine Horde Räuber überfallen, sein Weib geraubt, einen Teil der Diener und das Vermögen — und ihn verwundet in der Wüste hingeworfen. Nachdem Ptolemaios dies angehört, begab er sich zu dem bereits erwachten König, welcher verabredete, daß in Gegenwart der Ankömmlinge er, Alexander, als Antigonos angesprochen werde, Ptolemaios aber als König. In der Nacht wurde der Rat versammelt beim Schein der Fackeln, die feurige Tränen verloren; wobei Alexander den vermeintlichen König überredete, Kandaules zu helfen, unverzüglich das Lager der Räuber zu überfallen und die geraubte Prinzessin zurückzuholen. Der betrübte Jüngling warf sich ihm um den Hals, rufend: »O wärest du doch nicht Antigonos sondern Alexander!« Wenig Mühe kostete es, die Räuberhorde zu schlagen und die Gefangenen zu befreien, aber dem erfreuten Kandaules erschien dies als eine sehr ungewöhnliche Tat, da die Dankbarkeit zwingt, die erwiesene Wohltat zu vergrößern. Er flehte Ptolemaios und seinen Stellvertreter Antigonos an, die wunderbare Residenz seiner Mutter Kandake zu besuchen, welche weit durch ihre Wunder berühmt war. Alexander nahm es gern an, nicht so aus Neugierde, sondern auch aus Dankbarkeit gegen die Königin, die schon früher ihm zum Geschenk Gold, Elfenbein, Ebenholz, Perlen, eine Smaragdkrone, Tierfelle, gezähmte Tiere und äthiopische Sklaven geschickt hatte. Nach zwei Tagen Reisens erblickten sie inmitten der Ebene gerade bewaldete Hügel — das waren die hängenden Gärten der äthiopischen Königin.

KANDAKE. Sie wurden von der Königin Kandake und ihren Söhnen empfangen, die durch Boten benachrichtigt waren. Sie war groß und stattlich, Olympias ähnlich; ihre großen Augen strahlten würdevoll und königlich; ein enges weißes Gewand hinderte ihre Schritte und machte noch sichtbarer die braune Farbe des Gesichts und der Hände. Sklavinnen trugen Fächer hinter ihr und Neger führten einen weißen Elefanten mit einer silbernen Laube auf dem Rücken. Die Königin eilte zum Sohne, aber jener trat zurück und sagte:

»Küsse zuerst, Mutter, meinen Befreiern«, auf Alexander weisend. Nachdem Kandake ihn geküßt, sagte sie: »Schon längst sehnte ich mich, Dich zu erblicken, ruhmvoller König . . .« »Ich bin nicht der König, ich bin Antigonos. Alexander folgt mir,« sagte der König auf Ptolemaios in seiner prächtigen Krone weisend. Lächelnd verneigte sich die Königin vor dem Edelmanne. Nach einem feierlichen Mahle führte Kandake ihre Gäste ihnen die Stadt zu zeigen, goldene Äpfel, melonengroße Nüsse, Hähne, auf denen Krieger ritten, Panther, deren Knochen Glas schneiden, Krokodile, die mit ihrem Harn Bäume verbrannten, einäugige Menschen, Riesen und das böse Geschlecht der Viper. Das Vipernweibchen hat eine Öffnung nicht weiter als ein Nadelöhr, so daß es nur den männlichen Schoß verzehrend zu zeugen vermag. Die Jungen erblicken die Welt, den Schoß durchbeißend, als Vater- und Muttermörder vor der Geburt, erscheinen stets paarweise — ein Bruder und eine Schwester. Drosseln, weiße, graue und schwarze Bären setzten die Griechen in Verwunderung. Nachts auf dem Feste fragte Kandake: »Wie haben euch, liebe Gäste, meine Wunder gefallen?« Alexander sagte: »Wäre all das bei den Griechen zu finden, so würden alle staunen.« Die Brauen runzelnd wandte sich die Königin an Ptolemaios: »Und du, König, was sagst du?« »Wahrlich, ich dünke mich im Lande der Wunder!« rief der betroffene Grieche. Da traten äthiopische Mädchen ein und begannen zu tanzen auf einem großen runden Spiegel, der vorher von einem Teppich zugedeckt war, und es schien, als würden sie auf einem durchsichtigen Teiche jagen und kreisen. Die Königin fragte wieder: »Und wie gefallen euch meine Tänzerinnen?« Alexander kam wieder Ptolemaios in der Antwort zuvor, indem er sagte: »Wahrlich, ich dünke mich im Lande der halbverbrannten Holzscheite! Warum verbrennt die Sonne so grausam deine Untertanen, daß sie Kohlen gleichen?« Kandake sagte nichts, aber nach dem Schluß des Festes faßte sie den König bei der Hand und ihn zu sich ins Schlafgemach führend, sagte sie: »Jetzt werde ich dir etwas zeigen, was auch dich in Verwunderung setzen wird, du Antigonos, der sich über nichts wundert!« Und reichte ihm ein Stück Leinwand, auf der in zarten Farben Alexanders Gesicht konterfeit war. Der König schwieg und die Königin fuhr fort: »Was sagst du nun, großer König? Warum bist du versteckt zu mir gekommen, so daß ich dich nicht empfangen konnte, wie es sich geziemt?« »Verzeih, Königin, den unschuldigen Betrug und verrat mich nicht!« Kandake antwortete mit leichtem Lächeln: »Ich werde dich nicht verraten, aber gehorche den Sitten meines Landes: Noch ist kein König von mir gegangen, ohne mein Gemahl geworden zu sein!« »Wie, Königin?« rief der Gast, aber das Weib wand ihre Arme um seinen Hals und küßte seine Lippen, zärtliche Worte der Leidenschaft flüsternd, und flocht die langen schwarzen Zöpfe auf, riß ihr enges weißes Kleid ab und bedrängte, nackt, den König so sehr, daß er zum Schwerte greifend, rief »Laß ab, Sinnlose, gedenkst du Alexandern zu verderben?!« Ihren braunen Leib zurückwerfend sagte die

Königin unter Lachen: »Alexander! Alexander! hast gegen ein Weib das Schwert entblößt!« In diesem Augenblick tat sich die Tür mit Gepolter auf und es stürzte hinein, trunken, Ptolemaios hinter ihm der älteste Prinz Thoas, dem sein Bruder Kandaules mit langer Pike folgte. Ptolemaios stürzte sich auf Alexander und rief: »König, rette! rette! Dieser Wahnsinnige will mich töten!« Thoas hielt inne und schrie: »Da also ist er, der Mörder meines ruhmvollen Schwiegervaters Poros! Da ist der makedonische Hund!« Und stürzte sich auf den König. Indem die Pike, von Kandaules in den Rücken des Bruders gebohrt zu Tode den wütenden Thoas traf, den Mann von Poros' Tochter. Alexander schaute schweigend den Brudermord an, und die nackte Königin, die sich zu spät zwischen die Kämpfenden warf, stieß vergeblich durchdringende Schreie aus. Kaum noch lebend lag Ptolemaios, sozusagen immer weiter um Schutz flehend, vor den Füßen des Königs. Kandake nackt und barhäuptig erblickend rief Kandaules: »Mutter, was hast Du?« Alexandern seitlings anblickend, die Hände gen Himmel gehoben, rief die Königin laut: »Wahrhaftig, der König Alexander ist keusch!« Als Kandake am Morgen von den reichbeschenkten Gästen Abschied nahm, da sprach sie: »Ich scherzte, du hast es verstanden? Ich glaubte dem Gerüchte nicht, aber du bist der Liebe unzugänglich.« Alexander lächelte und antwortete:

»Auch ich dachte, daß du mich prüfest, ich scherzte ebenfalls« und rührte am Zügel des Pferdes.

ZWEITES KAPITEL

DIE AMAZONEN. König Alexander ging wieder in die Wüste und gedachte nach Babylon zu ziehen. Bald kamen sie zu einem großen Fluß, wo die kriegerischen Amazonenjungfrauen lebten. Der König, der schon längst von ihrer Tapferkeit gehört hatte, schickte Ptolemaios, sie um eine kriegerische Abteilung zu bitten und ihre Sitten zu erfahren. Nach einiger Zeit kam mit dem zurückgekehrten Ptolemaios ein Hundert hoher mannsähnlicher Frauen mit ausgebrannten rechten Brüsten, kurzen Haaren, in Männerschuhwerk und bewaffnet mit Lanzen, Pfeilen und Köchern. Sie sprachen mit rauhen, heiseren Stimmen und rochen nach Ziegenschweiß. Sie erzählten folgendes: »Wir leben, König, jenseits des Flusses. Nur Jungfrauen, regiert von der ältesten Jungfrau; wir weiden unsere Herde, bebauen die Wogen und führen Krieg allein ohne Männer; niemandem sind wir untertänig; jedes Jahr gehen wir über den Fluß zum Feste des Zeus, Hephaistos und Poseidon; die von uns Mutter werden will, bleibt hier mit dem erwählten Manne, bis sie gebiert; dann kehrt sie nach Hause zurück; in ihrer Freiheit steht es, des Mannes zu vergessen, oder nach einem Jahre wieder zu ihm zurückzukehren. Den geborenen Knaben behält der Vater, das Mädchen aber, nach Ablauf von sieben Jahren, wird auf die Weiberseite des Flusses geschickt. In die Schlacht ziehen zwei Drittel aller Jungfrauen, die übrigen bewachen das Land. Wenn bei uns ein Gefangener flüchtet, so fällt die Schmach auf alle Amazonen. Die Königin küßt dich, und schickt uns, dir im Kriege zu helfen!«

Der König fragte noch nach vielem, nicht wenig sich ihrer Antworten verwundernd, und, die Geschenke in das Land zurücksendend, zog er weiter.

DIE GORGONE. DAS LAGER VON LUSSA. Alexander schickte nun Kundschafter vor, zu erfahren, ob nicht ein eisernes Land voraus wäre, gedenkend der Prophezeiung des Antiphon. An den süßen Flüssen vorüber und den steinernen Strömen, wo an Stelle des Wassers mit Getöse Steine sich wälzten, vorbei an den Sandbächen, die drei Tage lang gegen Süden fließen und drei Tage gegen Norden, kamen sie zu einer Insel, von wo die Sonne aufgeht. Ein äthiopischer Priester in weißem Kleide kam heraus mit einem schwarzen Stabe, höher als er selbst, und seine dunkle Hand gegen den König ausstreckend, rief er: »König, du mußt umkehren! Bis hierher kam noch niemand, — du bist der Erste und du bist der Letzte. Eile nach Babylon, die Zeit ist nah; dein Weg geht durch das Lager von Lussa und das neue Reich der Finsternis.« Die Türen schlossen sich, und der König, nachdem er sich vor dem Sonnentempel aus unerträglich glänzenden Steinen verneigt hatte, hieß seine Krieger umkehren. Bald kamen sie in das Land der Finsternis; die Bewohner verbargen sich in Erdhütten, von Tannenzweigen bedeckt, fürchtend, die in der Wüste wandernde und alles verderbende Jungfrau Gorgo. Sie hatte einen Pferdeschweif und Schlangen anstatt der Haare; alle verlockte sie zur Geilheit: Reptile, Tiere und Menschen, und alle tötete sie mit ihrem bloßen Blick. Um Mitternacht wurde Alexander von einem laut hallenden, aber mit Wonne und Leidenschaft erfüllten Schrei geweckt. Aus dem Zelte ins dunkle Feld tretend, vernahm der König einen zweiten und dritten wundersamen Ruf. Als ob alle vergangenen und kommenden Geliebten in diese eine Stimme die Versprechen nie gekannter Liebkosungen und süßer Drohungen verschmolzen hätten; wie das Brüllen einer Tigerin, welche das ferne Männchen sucht, schallte der Ruf durch den dunklen Raum: »Alexander, Alexander, dich allein begehr ich, komm, stille mich! Furchtloser König! . . .« Alexander sandte einen Magier mit einer Decke der rasenden Jungfrau entgegen. Als er sie nicht mehr weit wußte, sagte er, sich ihr rücklings nähernd: »Ich bin Alexander! Verhülle dein Angesicht mit der Decke, damit ich nicht verderbe!« Und als wortlos, schwer atmend die Jungfrau ihn bei den Schultern packte, schlug er ihr, sich rasch umwendend, den Kopf ab und barg ihn in einem bereit gehaltenen Gefäß. Darauf, ohne sich zum daliegenden Riesenkörper zu wenden, lief er in das Lager mit der Beute. Mit diesem Kopfe, der ein Entsetzen brachte, welches in Stein verwandelt, bezwang der König viele Völker der Wüste und die unreinen Könige Gog und Magog, die sich von Würmern und Fliegen nährten, vertrieb sie in geborstene Felsen und versiegelte sie bis ans Ende der Welt mit dem Siegel Salomonis. Und weiter zogen sie, den Weg nicht kennend, und vergehend vor Müdigkeit und Hunger; die Kundschafter voraus, ob da keine eiserne Erde wäre. Einst verspürte der König eine tötliche Kälte und den letzten Hauch; die Soldaten legten ihre Schilde auf den Sumpf, über den sie gingen, damit er sich hinlegen könne, und von oben fiel ein dichter Schnee. Zu sich gekommen fragte der König mit Unruhe: »Ist nicht beinerner Himmel über uns?«, aber gegen Morgen erlaubten ihm die zurückgekehrten Kräfte den unbekannten Weg weiter zu verfolgen. Durch Sümpfe, dunkle Wälder, hohe in den dunklen Himmel ragende Berge, durch Finsternis und Nebel — gingen sie, auf dem Marsche die demütigen Völker unterwerfend. Der König wahrte Schweigen während der ganzen Tage, die Nächte verbringend im Beobachten kaum sichtbarer Sterne; und jeden Morgen begegnete er immer düsterer den treuen Freunden und den murrenden Soldaten. So kamen sie am Lager von Lussa vorbei, auf das sie noch in der Sonnenstadt gewiesen worden. Solange die durch das Nahen des Wegendes erfreuten Krieger sich an den Wachtfeuern wärmten, und alter Scherze gedachten, begab sich Alexander allein in den Tempel, auf die begegnenden Wunderdinge nicht achtend. Alles war leer und lautlos. Eine Reihe Gemächer durchschreitend, deren eines immer wunderbarer als das andere, trat der König in das Allerheiligste, wo Lampen mit Rubinen anstatt der Flammen hingen, und inmitten ein vergoldeter Käfig mit einer Taube darin. In der Mitte ragte eine Bahre, auf der ganz in Verbänden ein Mann ruhte, der an Wuchs alle Sterblichen übertraf sein Gesicht war zugedeckt. Schweigen herrschte im Gemach; der König stand lange wortlos, verwirrt durch unklare Angst. Endlich wollte er eine der Rubinlampen nehmen, um den Schlafenden anzusehen, aber von der Kuppel sang die Taube mit Menschenstimme: »Laß, König Alexander, ruhen die Ruhenden und eile nach Babylon. Die Zeit ist nah!« Den Tempel verlassend trat Alexander zu einem Feldfeuer, an dem die Soldaten mit alten Scherzen sich erlustigten, lachend und einander auf die Schulter schlagend. Gegen den dunklen Himmel flogen die Funken und der Rauch, und die Schilde, auf einen Haufen gelegt, glänzten schimmernd.

DRITTES KAPITEL

DER TOD ALEXANDERS. Unterdessen kamen im fernen Makedonien Unruhen und Aufstände vor; Antipater, vom Könige an seiner Statt gelassen, unterdrückte die alte Königin Olympias, zur Antwort auf deren mehrfache Klagen Alexander Chares geschickt hatte, den früheren Herrscher zu ersetzen. Da schickte der verletzte Antipater mit seinem Sohne ein Gift, das nur ein Zinngefäß ertragen konnte, aber kein kupfernes, kein tönernes, kein gläsernes, zu dem königlichen Mundschenk Ilos, der schon lange eine heimliche Wut auf Alexander hatte, welcher auf einem Festmahle ihn mit einem Stabe übern Kopf geschlagen hatte. Ihm schlossen sich noch einige mit dem König Unzufriedene an, und die Verwandten der Königin Roxane. Auf diese Weise war zur Zeit der Ankunft des Königs in Babylon die Verschwörung schon bereit, ihn zu verderben. Die Königin empfing freudig den düsteren und schweigsamen König, der sich wieder mit Freunden den Festen ergab, die Regierungsgeschäfte auf eine andere Zeit verschiebend, und dem Lesen des furchtbar drohenden Sternenhimmels. Als einmal Alexander des Mittags ermüdet ruhte, wurde er durch die Meldung geweckt, daß eine sonderbare Frau nach ihm frage. Dem Könige sagte sie, sie habe ein seltsames Kind geboren, dessen obere Hälfte tot, die untere aber mit allen Zeichen des Lebens sei, und eine Wunderstimme habe geheißen, das Kind in den Palast zu bringen. Alexander, von Ahnungen erfüllt blickte mit Entsetzen auf die Kindesleiche mit den sich bewegenden roten Beinchen. Die Weisen erklärten, daß der obere Teil Alexanders Feinde bedeute, der untere aber ihn selbst; jedoch ein Chaldäer rief, die Gewänder zerreißend: »König, König, dein Tod ist nah!« Alexander beschenkte die Frau und hieß die Mißgeburt verbrennen, und er selbst begab sich aufs Fest zu einem gewissen Makedonier, ohne sich von seinem Mundschenk, dem indischen Jüngling Ilos zu trennen. Das Fest war in vollem Gange, als plötzlich der König ausrief, wie von einem Pfeil getroffen: »Die Zeit ist gekommen, Alexander!!« und zog sich bleich, wankend in seinen Palast zurück. Vergeblich suchten die Ärzte das Gift mit Brechmitteln zu entwenden, die Schmerzen des Königs waren so unerträglich, daß er mehr als einmal versuchte, sich in den Euphrat zu stürzen, der vor den Fenstern des hohen Palastes rauschte. Die Makedonier umringten den Palast und drohten die Mauern zu zerstören, und alle Wachen zu töten, wenn ihnen der König nicht gezeigt würde. Und Alexander von der Königin Roxane gestützt, zeigte sich im Fenster; alle riefen: »Ruhm dem König Alexander, er lebe in alle Ewigkeit!« Ein Lächeln glitt über die erstarrten Lippen des Herrschers und er rief mit der alten hellen Stimme: »Lebet ihr in alle Ewigkeit, aber meine Stunde hat geschlagen!« Am folgenden Morgen rief der König Perdikkas, Ptolemaios, Lysimachos zu sich, um ihnen seinen letzten Willen zu geben. Dann ließ er sich hinaustragen zu einem Durchgangsgemach an der Straße und ließ an sich das ganze Heer vorüberziehn, jedem Soldaten Grußworte sagend. Und ergraute Altgediente weinten, als sie den König erblickten, dahingestreckt auf den Kriegsschilden, bleich und freundlich. Die Freunde, ihr Gesicht in Mäntel gehüllt, standen von ferne. Alexander, die Augen gegen die Decke aus Elfenbein hebend, sprach: »Himmel, beinerner Himmel!« und fuhr fort die vorüberziehenden Krieger zu begrüßen. In der Luft hing ein dichter Nebel und auf dem Himmel ging am Tage ein Stern von ungewöhnlicher Größe auf, rasch zum Meere hinziehend, von einem Adler begleitet; und die Idole im Tempel bebten langsam mit Klang. Dann ging der

Stern seinen Weg vom Meere zurück und blieb stehen, brennend über dem Gemache des Königs. In diesem Augenblick starb Alexander. Der Leib des Königs wurde nach langem Zwist gen Alexandria in Ägypten geschickt, und dort in ein Heiligtum gesetzt, das ward genannt »Der Leib Alexanders«. Sein Reich verteilte er unter Philon, Seleukos, Antiochos, Ptolemaios. Er starb im dreiunddreißigsten Lebensjahre, zum Aprilvollmonde, nachdem er zwölf Alexandrien gegründet, und hinterließ einen unauslöschlichen Ruhm bei allen Völkern und Zeiten.

Ende.